LES HOMMES EN TROP

Du même auteur

Le Jour de la colère, roman, Lattès, 2000.
Le Silence des anges, essai, Desclée de Brouwer, 2002.
Dieu est américain. De la théodémocratie aux États-Unis, essai, Fayard, 2006.
L'Apocalypse russe. Dieu au pays de Dostoïevski, essai, Fayard, 2008.
Le Paradoxe persan. Un carnet iranien, Fayard, 2009.

Jean-François Colosimo

Les Hommes en trop

La malédiction des chrétiens d'Orient

Fayard

Couverture Josseline Rivière

ISBN : 978-2-213-62923-0

I

Le fantôme de la piété

L'horizon est promis à devenir un tombeau – « une fosse aux os fumants ». Ruée des corps, cliquetis des armes – « les traits pleuvent, le fer s'abat ». Les uns avancent – « tels les chiens qui poursuivent le sanglier ». Les autres reculent – « tels les geais qui fuient l'épervier ». La mêlée est tumulte – « tel le bouillonnement du fleuve gonflé par la neige dans la montagne qui alarme le bétail et le berger dans la vallée ». Un vacarme de voix rauques, de souffles épais dans les hurlements de rage et les gémissements d'agonie – « ainsi que doit être l'hallali, ainsi qu'est la tempête ». Mais la main ne peut trembler – « ni le cœur vaciller ». Nulle échappatoire, la charge est finale – et « la fureur, sacrée ». Il faut tuer – « comme tuent les fauves mangeurs de chairs crues ». Torses fendus, membres coupés, crânes fracassés – « en un incessant carnage ». De l'aube au crépuscule, le sang empourprera la terre – « et l'eau, l'air, le ciel ». Une fois le soleil couché, s'élèvera la clameur des vainqueurs – « à la manière dont l'incendie se propage dans la nuit ». Aux vaincus, la mort – « ils seront massacrés ». Eux, leurs femmes, leurs enfants – « et tout ce qui vit avec eux ». Leurs cadavres serviront de trophées – « charriés face dans la poussière » – avant d'être brûlés. Jamais plus ne sera leur maison, détruite muraille après muraille, leur race, exterminée patronyme après patronyme, leur descendance, anéantie – « avec l'extinction des bûchers ». Il n'est de meilleur sacrifice que la guerre totale des hommes pour racheter la faveur des dieux – « c'est l'hécatombe parfaite ».

Une brume hivernale, venue de l'Égée, tombe sur les ruines. Le songe s'estompe. Ni murmurer quelques vers, ni apostropher la mémoire ne suffit à ranimer les ombres. Depuis longtemps, le silence immobile des pierres a recouvert la course grondante des chevaux et des combattants. Trois millénaires et demi au jeu des pures hypothèses. Ou plus tôt ou plus tard, voire pas du tout. Bien avant Giraudoux et son manifeste pacifiste, Thucydide et Hérodote estimaient déjà que la guerre de Troie n'avait pas eu lieu. Soupçonnaient-ils pour autant qu'Homère ne fut qu'un prête-nom pour les aèdes qui, l'un après l'autre, composèrent l'*Iliade* ? Sur place, aujourd'hui, les vestiges se montrent plus mutiques que les rhapsodes. Sauf à se laisser emporter par la fièvre d'un Heinrich Schliemann, l'aventurier et savant improvisé qui, dans les années 1870, s'obstina à réinventer la cité légendaire. De fouilles en campagnes de fouilles, l'Unesco a fini, un siècle plus tard, par reconnaître le site, même si, de l'aveu des archéologues, le mythe perdure. Mieux vaut donc visiter Troie défunte, ou la fiction de Troie, hors saison, en solitude, dans la froidure et le brouillard si propice, selon les anciens oracles, aux épiphanies. Peut-être verra-t-on alors passer sur les remparts évanouis non pas la belle Hélène, mais le fantôme du vieux Priam pleurant son fils Hector dont Achille, en contrebas, dans la plaine, traîne la dépouille à l'arrière d'un char, tournant pareillement en sanglots autour du tombeau de son ami Patrocle. L'antique Ilion a beau avoir été classé au patrimoine mondial de l'humanité, l'*Iliade* demeure le texte fondateur de l'inhumanité – ce que n'ignorait pas une jeune philosophe qui, juive de naissance, menée à l'Évangile non par Jérusalem mais par Athènes, s'attacha à commenter cet autre Testament alors que, la débâcle consommée, Vichy venait de promulguer les premières lois raciales.

C'est fin 1940, à Marseille, dans les *Cahiers du Sud*, sous le pseudonyme d'Émile Novis, que Simone Weil déchiffre en l'*Iliade* le poème originel de la force. L'empire de la violence est appelé à demeurer inconsolé, car, avant même que la mort ne soit administrée, la chair, qu'elle commande ou qu'elle supplie, « perd la principale propriété de la chair vivante », devient ce « compromis entre l'homme et le cadavre ». Entre l'élan aveugle qu'elle induit et la matière inerte qu'elle produit, la force chosifie au point de rendre irrésistible « la superbe indifférence du fort pour les faibles », indifférence « si contagieuse qu'elle se communique à ceux qui en sont l'objet » dans un permanent « jeu de bascule » entre bourreaux et victimes. Oblitérant « le temps d'arrêt » qu'engage à l'ordinaire le simple « échange des regards », elle s'accomplit dans la destruction « sans limite » jusqu'à « la froideur avilissante » que réclame son perpétuel dépassement. Il s'agit alors d'anéantir autrui en l'autre pour compenser l'anéantissement de soi en soi. La force soumet ainsi tous et chacun à l'illusion de la puissance dans l'impuissance humiliée, la misère extrême « de ne plus sentir sa misère ».

Telle est l'expérience native, la recherche et définition de la « géométrie de l'âme » qui, selon Simone

Weil, fonde l'épopée troyenne et la rend indépassable. Le cycle répété des batailles et duels serait néanmoins fastidieux s'il n'arrivait que l'âme, précisément, ne résiste à cette réduction. Comment ? Par ces « moments lumineux, brefs et divins » où les hommes manifestent qu'il est de l'incessible en leur cœur, les moments « où ils aiment », toutes ces formes, ou presque, de « l'amour pur » que présente tour à tour l'*Iliade* sans que jamais ne cesse « l'amertume inguérissable » ou que ne l'emporte « la plainte abaissante ». La tendresse conjugale, le soin parental, la dévotion filiale, la prévention amicale – si forte dans la guerre qu'elle peut même gagner les adversaires –, sont de ces moments de communion où les êtres humains se découvrent frères humains, et dont « le triomphe » tient dans « la fidélité aux morts ». Le dialogue entre Priam et Achille, le premier suppliant le second de lui rendre la dépouille d'Hector afin qu'il puisse l'enterrer, en est l'acmé. S'instaure alors la trêve. Il n'y va pas seulement d'un père pleurant un fils mort afin de rappeler à celui qui l'a tué de ses mains que lui-même est promis à mourir en fils d'un père pareillement destiné à pleurer. On y voit un géniteur frappé dans sa descendance se prosterner pour baiser de ses lèvres les mains assassines, et l'assassin frémir de la démesure de cette sujétion consentie qui le ramène à son propre malheur. Face au cadavre, au deuil, aux funérailles, le sort s'avère commun, non pas en raison de l'égalité de la mort, mais en vertu du partage de la désolation qui, au sens propre, désarme. Le lien est renoué, la compassion retrouvée à la condition que les yeux se croisent en acte de reconnaissance. Ce que souligne la traduction de Weil, voulue littérale : « Alors le Dardanien Priam se prit à admirer Achille, / Combien il était grand et beau ; il avait le visage d'un dieu. / Et à son tour le Dardanien Priam fut admiré d'Achille / Qui regardait son beau visage et qui écoutait sa parole. / Et lorsqu'ils se furent rassasiés de s'être contemplés l'un l'autre… » Admirer ? Mirer, se voir et se savoir vivant dans le reflet qu'offre l'œil vivant d'un autre. Le grec *thauma* dit le même étonnement d'être que le latin *miratio*, étonnement qui se révèle prodige, merveille dans l'altérité. Le miroir où se répondent sourires ou larmes se découvre « miracle », mot que Simone Weil retient pour signifier la transcendance sur laquelle vient se briser le pouvoir en apparence implacable de la force, et dont les manifestations parcourent l'*Iliade*.

L'étude s'achève ainsi en un appel aux racines de l'esprit européen : il est toujours une grâce à opposer à l'horreur. Une autre réminiscence y est sous-entendue : le miracle se vit et se survit à travers des gestes et paroles de salut dont ceux, impératifs, qui entourent instinctivement la naissance, la noce, le trépas, nœuds de l'existence humaine et tous trois sanglants, à l'image de la guerre. Ces rites, pour les Grecs, sont de piété, *eusebeia*, laquelle se distingue de la religion, *threskeía*. La première commande la dévotion, le dévouement, le don dans l'inclination intime ; la seconde ordonne la cité, le politique, la loi dans l'observance collective. L'acte pieu est saint (*hosios*), l'acte religieux est sacré (*hieros*). De l'un à l'autre, le sacrifice diffère en essence, affaire de conduite ici, de culte là, de même que l'offrande qui n'a d'autre objet que le sujet lui-même dans la piété, qui s'avère autosacrifice et change ainsi l'humiliation en humilité. Ce commerce avec le divin a de singulier qu'il habite la quotidienneté. En ce sens, comme il y a une banalité du mal, il y a un ordinaire de la magnanimité.

La violence intraitable de l'histoire, le recours invariable à la grâce : depuis toujours, les scènes fondatrices de l'*Iliade* se répètent en Méditerranée où les charniers côtoient coutumièrement les temples. Nul ne l'a jamais mieux su, sur ces rivages primordiaux, que les chrétiens d'Orient, qui, de génération en génération, ont vu leurs sanctuaires se changer en ossuaires. Au point qu'irrésistiblement exclus de la marche du monde, tributaires du moindre de ses soubresauts, soumis à l'emprise de systèmes théologiques et politiques qui n'étaient pas les leurs, ils n'ont plus tenu que par la seule piété pour s'assurer de leur propre humanité. Au point aussi que, frappés d'impuissance, ils ont maintenu, plus que tous autres, l'impérieuse nécessité de la piété au regard du reste de l'humanité. Au point enfin que, rendus à l'insignifiance, ils sont devenus, en raison même de cette piété, un signe de contradiction au sein d'une humanité qui, à la mesure croissante de leurs malheurs, s'est montrée toujours plus indifférente à leur lent mais sûr effacement – une indifférence d'autant moins sujette à contrition que leur condamnation à l'immobilité les apparentait à un semblant d'éternité.

C'était un mirage. Les chrétiens d'Orient eux-mêmes l'ont entretenu – par crânerie, eût-on pu croire ; par pudeur, en fait. À les suivre et poursuivre depuis ma jeunesse, à avoir vécu avec eux et, en un sens, par eux et pour eux, à m'être voulu à leur côté en vertu de l'une de ces fidélités inconditionnelles dont la raison est d'être sans explication, j'y ai à mon tour cédé. Longtemps j'ai tenu, en défense de leur singularité en apparence extravagante, qu'elle était d'abord impérissable. Il n'y allait pas d'une cécité, mais d'un vœu, ou plutôt et déjà d'un exorcisme – « Le christianisme peut-il mourir au lieu même où il est né ? » La question n'intéressait d'ailleurs que les quelques-uns qui pensaient avoir la réponse et se la répétaient comme le mot de passe d'une fraternité occulte, apte à conjurer le sort – « Combien de tyrannies et de credo y ont échoué ? » La réponse participait d'une libre application du calcul infinitésimal à l'acte de foi – « La courbe d'un déclin ne serait-elle pas sans terme dès lors que l'on ne saurait en dater le commencement ? »

L'évidence est là, néanmoins, visible par tous depuis que les chrétiens d'Orient, au prix de leur sang, ont gagné une place sur nos écrans. Bientôt leurs cimetières mêmes n'auront plus de gardiens, car leur monde sera intégralement devenu une nécropole – à l'instar, d'un bout à l'autre de l'Asie Mineure, des cités à jamais mortes d'Ani, près de l'Ararat, et de Sébaste, en Cilicie, auxquelles font cortège les basiliques aux coupoles effondrées du lac de Van et des monts de Cappadoce, les chapelles rurales de Nazianze, abandonnées aux brebis, et de Samosate, livrées aux herbes folles, les monastères délabrés de Trébizonde, démolis de Mardin, rasés d'Édesse, ou encore la cathédrale chancelante de

Smyrne aux fenêtres condamnées et au portail vermoulu par lequel se faufilaient, il y a quelques années encore, à la manière de clandestins, les ombres furtives des ultimes vieillards qui y avaient été baptisés des décennies plus tôt et qui ont sans doute trépassé depuis.

Fantômes pour fantôme, ces vestiges figurent à côté de Troie dans les dépliants touristiques de Turquie au titre des « fiertés de la grande civilisation anatolienne ». Dans tout l'Orient que l'on disait jadis proche, mais dont l'excès à fabriquer d'approximatives proximités avec l'Occident a creusé l'éloignement, d'autres reconstructions servent à maquiller la catastrophe qui finit de submerger un monde en voie d'engloutissement – très exactement à en consommer la négation. Pour mesurer l'ampleur du désastre, il faudrait restituer la géographie souterraine des christianismes orientaux, en dessiner la carte spectrale, recenser une à une les innombrables épaves d'une épopée révolue que l'on croise au hasard des routes et des villes de l'écriture, de la soie, des épices, qui hachurent l'Égypte, la Jordanie, la Palestine, Israël, le Liban, l'Irak, et, plus loin, le Caucase, l'Éthiopie, l'Iran, le Kerala, en plaçant désormais en son centre la Syrie où le drame de la guerre civile ressortira un jour prochain comme l'un des épisodes de cette plus vaste tragédie – au long de la rédaction de ce livre, rapts et tueries se succédaient à Seidnaya et Maaloula, suppliciant une fois l'un, une fois l'autre, ces bourgs voisins de la montagne damascène que les guides de voyage rangeaient naguère au chapitre de l'« archéologie vivante » pour avoir conservé l'usage de l'araméen, la langue du Christ n'ayant pas manqué de tourner à la réserve de chasse. De la Méditerranée à l'océan Indien, de la mer Noire à la mer Rouge se déroule ainsi, sous nos yeux, une révision de l'histoire dont la violence ne s'imprime pas seulement dans les livres, mais dans les chairs.

Les pierres mortes deviennent vite muettes à défaut des pierres vives qui les portent. C'est en ce sens que le testament des ruines de l'antique Ilion a bien été, ainsi que le soulignait Simone Weil, celui de la piété. Les chrétiens orientaux l'ont contresigné et continué, j'y ai insisté, non pas mieux que quiconque, mais en y trouvant l'unique forme d'expression qu'autorisait leur déshérence. Avant que le silence ne recouvre définitivement la protestation muette dont a témoigné leur existence et que ne se fige l'acte de leur décès dont la rédaction avance désormais jour après jour, quel testament préparent-ils à leur tour, quoique à notre adresse, cette-fois ?

Le fait est qu'à l'heure de la mondialisation la passion identitaire qui domine le Nord et le Sud, au prétexte d'un impératif ici démocratique, là théocratique, les rend partout, pour tous, des hommes en trop – car ni l'Orient ni l'Occident, à rebours du passé, n'ont plus besoin d'eux comme les perpétuels otages de leurs guerres et de leurs paix. Aussi leur agonie relève-t-elle d'un double mouvement qui, pour n'être pas concerté, n'en est pas moins convergent – la thèse pourra paraître scandaleuse, créant une fausse égalité, ce qui n'est pas le cas. Or, si elle venait à s'accomplir, leur disparition consacrerait l'empire planétaire de la force et l'oubli universel de la piété. En cela la malédiction parachevée des chrétiens d'Orient ne ferait que préfigurer notre propre achèvement – celui de l'humanité historique.

C'est ce qu'entend montrer plutôt que prouver ce livre, écrit dans l'espérance qu'il ne s'institue pas leur tombeau – espérance que l'actualité, à vue humaine, semble détromper. Je l'aurais voulu un monument de commémoration, il n'est tout au plus qu'une stèle dévotionnelle aux signes à demi effacés, à l'image de ces inscriptions en syriaque du VIIIe siècle, retrouvées en Chine, et qui jalonnent la première percée de la foi chrétienne, venue de Perse, dans l'empire du Milieu. Sans doute consent-il trop à l'empressement qu'ont dû éprouver les derniers chroniqueurs de l'Antiquité face à des bibliothèques dévastées. Mais il s'attache par là à la seule vraie urgence qui, suivant l'*Iliade*, est de retourner la *paranoïa*, cette distorsion de l'intelligence, en *métanoïa*, cette conversion du cœur – quitte à commencer, du coup, par une rétraction pie.

II

Le conte d'un idiot

« Il est en chaque don une part malheureuse », note Homère qui place ces mots dans la bouche d'Achille, incarnation même du retournement fatal de toute bénédiction en malédiction, toujours possible mais jamais probable avant qu'il ne se révèle inexorable. Moins que de surprendre l'entendement, l'inversion déroute alors le sentiment. Cette loi de la guerre valant pour le champ des idées, le militaire et le militant ont ceci de commun que la justesse de leur prévision ne peut souffrir le doute, sauf à lui abandonner la justice de leur conviction. Il suffit cependant que, de manière visible, l'évidence du pire finisse par excéder la volonté du bien pour que l'un et l'autre éprouvent, d'un coup, qu'ils ont agi ou pensé en désespoir de cause.

C'était il y a quinze ans de cela, par une pluvieuse nuit d'automne – soit à des années-lumière, rétrospectivement, pour les chrétiens d'Orient qui longtemps, pourtant, ne surent compter que par siècles, voire par millénaires, comme si l'histoire du monde, à l'instar de leur propre histoire pétrifiée, suivait un cours immuable. Il suffisait de leur prêter l'oreille autour d'un café, à l'ombre d'une treille, dans le patio grillagé d'un quartier emmuré, commun à toutes ces villes qui avaient été jadis les leurs et où ils connaissaient désormais l'exil intérieur. La litanie revenait, immanquable : le siège d'Antioche par les mamelouks, le sac de Constantinople par les croisés, la prise de Jérusalem par les mahométans, l'incendie d'Alexandrie par les Sassanides ne relevaient pas d'un lointain passé, mais avaient eu lieu la veille, hier matin, avant-hier soir peut-être – guère moins, guère plus. Leur monde était figé. Leur vie était survie. Leur existence, un acte de résistance sans cesse recommencé. Ils n'avaient pas fui l'histoire, elle les avait désertés. Depuis, en une décennie et demie, elle s'est accélérée comme pour mieux les rattraper. Aujourd'hui, ils font face à l'ultime catastrophe dont le pressentiment n'a cessé de les hanter.

Il était près de minuit, donc, ce 29 octobre 1998, et le crachin baignait Paris lorsque nous sortîmes avec Olivier Mille de la projection, à la pyramide du Louvre, du *Silence des anges* qu'il avait produit, réalisé et dont j'étais le co-auteur. Pour la première fois, un film était consacré aux peuples, aux lieux, aux rites des christianismes orientaux. Il y allait d'une traversée, sur trois continents, de leur déroutante diversité, dévoilant l'unité cachée de leurs liturgies – la seule des libertés qu'aucune des servitudes qu'ils avaient endurées n'avait su abolir. Le sacrement leur avait permis de subsister, il était devenu leur mode d'être et scellait leur communauté de destin. Passer de la Terre au Ciel, inverser les tribulations d'en bas, guerres, invasions, massacres, en bénédictions d'en haut, psalmodies, cantiques et prosternations, changer les tragédies humaines en une dramaturgie divine : tout, chez eux, se faisait prière, tournait au chant de supplication et de louange, annonçant en la croix d'infamie la gloire de la résurrection. C'était cette transfiguration du malheur sur plus de mille trois cents ans – soit la moitié ou presque du temps de l'humanité historique – que nous avions voulu raconter.

Nous avions ainsi couru des lacs gelés de Carélie aux hauts plateaux brûlants d'Abyssinie, des souks trépidants au coin de l'Euphrate aux solitudes immaculées bordant le Nil. Cet itinéraire répétait mes pérégrinations de jeunesse lorsque, étudiant en Sorbonne, je n'avais pas cru pouvoir commenter des manuscrits médiévaux sur la divinisation du corps sans vouloir rejoindre celles et ceux qui, en chair et en os, continuaient d'y croire – en une antispiritualité pour laquelle l'immatériel ne saurait être qu'attente et souffrance de la matière. Ce film se voulait un pèlerinage aux sources perdues de notre univers symbolique, une célébration en forme d'antidote à l'amnésie générale qui présidait à ce que l'on nommait alors la « mondialisation heureuse ». L'inventaire mené en deux années de repérages et de tournages ravivait ma propre mémoire. Il confirmait qu'il s'agissait de réparer non pas l'infortune, mais l'omission dont souffraient les chrétiens d'Orient. Eux-mêmes étaient convaincus que la réalité de leur pâtir céderait toujours devant leur mystique de la patience. Une paradoxale vitalité émanait de ce fatalisme sans apprêt. Ils n'attendaient plus rien de ce monde. Ils se tenaient immobiles, en son milieu, préfigurant d'ores et déjà l'autre monde – celui à venir, dans les siècles des siècles, où l'unique liturgie des anges et des hommes engendrerait un chant pour toujours nouveau.

Mais là, loin des luminosités aveuglantes de l'Orient, une fois le film revu, alors que la bruine collait au pavé parisien, noyant dans l'obscurité les traînées des phares de voitures, Olivier Mille, se penchant vers moi, souffla : « Ce que nous avons fait, personne ne le refera, car ce monde, demain, ne sera plus. » Je ne répondis pas, pensant non pas qu'il avait tort, mais qu'il ne pouvait avoir raison, à tout le moins raison ainsi, si aisément, en pure rationalité, car ce monde-là échappait pour partie à la logique des causes et des effets, sans quoi il eût déjà été emporté. J'arguais en silence que la prophétie sur la disparition imminente des chrétiens d'Orient était aussi vieille que les relations jaunies, accumulées depuis le Moyen Âge, des voyageurs d'Occident. J'objectais que le génie de ces constants rescapés, toujours prompts à se réinventer pour durer, avait été précisément de détromper les diagnostics et les pronostics à leur sujet. J'estimais surtout que leur rôle charnière au carrefour des grandes civilisations les préservait d'une complète destruction, à moins d'un cataclysme anthropologique qui aurait annulé jusqu'à la notion d'urgence humanitaire.

Ma réponse vint sous la forme d'un petit livre qui prolongeait le film et dans lequel, plutôt que de sonner l'alarme sur leur devenir, je dressai l'éloge de leur permanence, les présentant sous leur meilleur jour – comme soucieux, semblait-il, que personne ne le fît jamais : « Gardiens du berceau de la foi au Proche-Orient, on les trouve partout là où saint Paul a passé en Méditerranée. L'Est, qu'il soit balkanique, slave ou caucasien, leur doit son identité. L'Afrique, l'Asie, leurs premières rencontres avec l'Évangile. L'autre Église, celle des apôtres et des martyrs, des moines et des docteurs, des Pères et des conciles, c'est eux. L'autre romanité, l'empire d'Orient, c'est aussi eux. L'autre Europe, c'est encore eux. Ils auront voulu exalter le legs antique, unir Jérusalem, Athènes et Rome, fonder une civilisation d'ordre avant tout eschatologique. Leur rêve n'aura pas survécu aux désastres. Byzance s'enfonçant dans le déclin, ils auront subi le joug des Arabes, des Mongols, des Turcs, la férule de l'Islam et les pressions de l'Occident, le choc des nationalités, la persécution communiste et la montée des intégrismes. Au cours de ces épreuves renouvelées, leur pluralité de langues et de coutumes s'est révélée leur force et leur faiblesse, de même que l'esprit de résilience sans lequel ils se seraient éteints. Les migrations des deux derniers siècles leur ont conféré une vie nouvelle. Désormais présents aux quatre coins de la planète, les voilà enfin reconnus à défaut d'être vraiment connus. Le mouvement œcuménique, l'effondrement du marxisme, le retour du religieux les ont ramenés au-devant de la scène. La quête de spiritualité rend actuels leurs archaïsmes. On les nomme chrétiens d'Orient. Eux-mêmes se considèrent comme orthodoxes, c'est-à-dire dépositaires du christianisme originel, témoins de la tradition primitive et indivise. L'engouement que suscitent leurs icônes ne leur rend pas pour autant justice. L'or, l'encens, les dômes azurés, les ballets de prêtres aux habits chamarrés, les chœurs aux voix célestes de leurs offices viennent combler le vide de sociétés en mal de beauté religieuse. Ils n'en demeurent pas moins une énigme. On ne sait guère les distinguer, quand on ne va jusqu'à les négliger. On mésestime la signification de leurs rites, les réduisant aisément à des exercices folkloriques. On ignore surtout la théologie qui les fonde et qui repose elle-même sur une conception libératrice du christianisme d'une surprenante actualité. »

Rien, dans ces lignes, n'était faux. Peu serait à en retrancher, et certainement pas la pertinence de la théologie orientale au regard d'un prétendu nouvel ordre planétaire qui promouvait alors indistinctement la promesse de la fin de l'Histoire et la menace de la fin du monde. Cette théologie était imperméable au balancement entre apothéose et apocalypse qui signalait l'incertitude abyssale de l'époque. Sa longue captivité l'avait soustraite à la trajectoire générale de la pensée philosophique – laquelle avait passé, pour faire vite, de l'affirmation du Dieu-Raison au Moyen Âge à la déclaration d'autonomie de la raison humaine aux temps modernes, puis à la proclamation de la mort de Dieu au XIXe siècle et à la constatation de la mort de l'homme au XXe siècle. Sa constitution apophatique, recourant à la négation et n'éludant pas le néant, la faisait entrer de plain-pied dans le dialogue avec le nihilisme contemporain. Elle récusait le dualisme entre la nature et la grâce, l'invisible et le visible, l'âme et le corps, tout en postulant la supériorité de la contemplation sur l'action. Pareillement antithétique, sa conception expérimentale de la transcendance, et allégorique de l'immanence, était à même de survenir à la dépression spirituelle sous laquelle croulait l'hémisphère nord et à l'exaltation religieuse dans laquelle sombrait l'hémisphère sud. Sur fond d'une théologie de bout en bout existentielle, le christianisme oriental attestait de surcroît que la communion des hommes à Dieu et la communion des hommes entre eux pouvaient s'articuler sans séparation, mais aussi sans confusion.

Pour avoir maintenu le lien originel entre culte et culture, ce christianisme offrait le plus proche des Orients à l'Occident qui, justement, apparaissait toujours plus désorienté. La fabrique à incrédulités du Vieux Continent et le marché aux croyances du Nouveau Monde se fondaient en un pas de deux délétère. L'assujettissement de la foi à la sphère de la subjectivité, son renvoi à l'aberration ou à l'émotion depuis les Lumières, avaient entraîné une crise de confiance sans précédent au sein des sociétés dites « avancées ». L'effondrement du messianisme athée qu'avait représenté le communisme avait parachevé d'éliminer toute forme d'espérance. Il n'y avait plus d'arrière-monde, mais plus non plus d'envers au monde. Une atomisation sans fin s'ensuivait, dans un désir anarchique de communauté retrouvée, de la rémission de cette fraternité en actes dont l'Orient chrétien avait fait le ferment de sa rémanence et préservé la formule quasiment chimique.

Or ce christianisme présentait également le plus immédiat des Occidents pour l'Orient le plus lointain, non moins soumis au divorce entre sens et progrès, mais qui, pour être « émergent », s'en trouvait affecté sous la forme d'une réaction convulsive. Ailleurs on avait invalidé l'eschatologie ; là, on la convoquait pour comparution immédiate. Le vide figuratif des mosquées aux dômes vertigineux, la vacuité insensible des divinités aux infinis avatars ou des bouddhéités aux yeux clos invitaient à la passivité ici-bas. Le fondamentalisme s'était engouffré dans cette brèche, biffant d'un même trait le temps et le temporel, le particulier et l'individualité, au nom de l'au-delà. Le monde était zéro ; le salut réclamait de précipiter son éradication. Étendant la sainteté à l'ordinaire du quotidien, professant l'irréductibilité de chaque personne humaine, l'Orient chrétien, par son sens concret de l'incarnation, démentait cette aliénation. Il portait en lui la puissance de sécularisation inhérente à l'Évangile, qui opposait la liberté de la fraternité adoptive à la coercition des idolâtries collectives. Par le seul fait de son existence au sein d'espaces où dominait la tentation de la minorer, voire de la réprouver et réprimer, il appelait à l'autonomie de la Cité dont il gardait une nostalgie quasi charnelle.

Ainsi, à cheval sur la fracture que creusait la mondialisation, vivant de part et d'autre de la ligne de démarcation qui, peu à peu, s'imposait à la planète, le christianisme oriental s'instituait comme le tiers absolu d'un face à face autrement condamné au manichéisme. Par-là, cette théologie engageait aussi une politique. Très exactement, une politique de la médiation. C'est de leur baptême que les chrétiens orientaux tenaient leur foi, mais c'est aussi par ce baptême qu'ils s'étaient constitués en peuples, qu'ils avaient acquis leurs alphabets, leurs langues, leurs littératures, leurs imageries et leurs hymnographies, sacrées comme profanes, en un mot leurs cultures que leurs Églises avaient sauvegardées sous toutes les formes d'oppression. Pour autant, à rebours de l'idée reçue, ces cultures n'étaient pas restées forcloses. Elles avaient au contraire constitué un nœud essentiel de transmission dans la grande chaîne de l'*Oikouménè*, la *Terra cognita* des premiers historiens et cartographes, alors centre du monde.

Assumant les fonds séculaires qui les avaient suscitées ou influencées, les cultures de l'Orient chrétien avaient permis la conservation de celles qui les avaient précédées – hébraïque et hellénique pour tous, ourartéenne pour les Arméniens, araméenne pour les chaldéens et les syriaques, pharaonique pour les coptes, hellénistique pour les Grecs, animiste pour les abyssins, dravidienne pour les malabars et les malenkars. Acceptant les révolutions qui les avaient agitées ou bouleversées, elles avaient favorisé la floraison de cultures qui les avaient suivies, les islams omeyade, abbasside, fatimide, puis seldjoukide, ottoman, safavide, mais aussi la chrétienté médiévale latine et la Renaissance européenne, transférant aux uns et aux autres des corpus mystiques, philosophiques, scientifiques, des savoirs artistiques, architecturaux, dont ils ignoraient l'existence ou ne faisaient que deviner l'importance – sans quoi, ni Averroès ni Thomas d'Aquin n'eussent lu Aristote, ou Pic de la Mirandole, Platon, pas plus que les disciples de Sinan n'eussent édifié la Mosquée bleue. Et ce, quitte à encourir, en retour, ici un mépris, là une hostilité, redoublés, venant couvrir une dette qui pouvait demeurer de la sorte impensée.

Peu importait ce lot d'ingratitudes. À force de se constituer en agents de liaison à la croisée des routes de communication et d'échange prémodernes, les chrétiens d'Orient étaient devenus un laboratoire de la postmodernité. Leur infortune renouvelée provenait de ce que nul ne voulait le savoir. Si l'époque, avide d'exotismes bon marché, ne les avait tenus en suspicion d'être à la fois trop proches et trop lointains, réfractaires par instinct et par constat à l'utopie du village planétaire, elle les eût volontiers consacrés « passeurs » – le mot ne devrait pourtant s'entendre que pour les psychopompes guidant les spectres outre tombe, sinon pour les espions, les clandestins et les trafiquants transgressant les frontières. Mais, aussi irrésolus à périr que décidés à demeurer chez eux, quoique incessamment confrontés aux difficultés d'une coexistence biaisée, exposés aux mouvements de rue, de foule, d'opinion, sommés de choisir entre le ghetto et la dispersion, les chrétiens d'Orient ne pouvaient sous-estimer la valeur de la limite dans le rapport fondateur entre l'identité et la différence. Plutôt que le mirage de la fusion, ils soutenaient incidemment la nécessité de la médiation – d'un traitement réaliste, à la fois mathématique et empirique, de la dialectique du même et de l'autre. Elle provenait de leur théologie – selon la leçon grecque, antique puis byzantine, sur le *metaxu*, posant qu'il faut un entre-deux pour qu'il y ait participation. Elle découlait de leur histoire – elle aussi aiguisée au fil de l'un et du multiple, démontrant qu'on ne sort vraiment de l'en-soi qu'à la condition expresse de conserver son quant-à-soi. Ils en présentaient un condensé débordant d'enseignements théoriques et pratiques qu'il me semblait impératif de redécouvrir alors que gagnait la globalisation. L'alerte, le signal de l'alerte étaient de leur côté, non du nôtre.

Je ne mésestimais pas pour autant la gravité de l'heure, déjà réelle : « Les chrétiens d'Orient fuient depuis peu, mais massivement, leur terreau ancestral. Deux mille ans de présence se retrouvent ainsi menacés, et avec, des monuments, des œuvres, des us, des rites, des langues et des ethnies. À cause de cet exode, un autre silence que celui du Dieu ineffable pourrait, demain, engloutir ces pierres vivantes sans lesquelles les pierres déjà mortes le seront deux fois. » Leur condition, néanmoins, ne provoquait que désaffection. Elle ne convenait guère à l'inclination du moment qui supposait que la reconstruction irénique des conflits d'hier, si artificielle fût-elle, contribuât utilement à l'édification des paix de demain – ainsi de l'idéalisation du califat de Cordoue ou du sultanat d'Istanbul en modèles de tolérance religieuse là où, en fait, l'opportunisme politique avait commandé un gouvernement louvoyant des minorités par des pouvoirs eux-mêmes minoritaires. Le désintérêt à l'égard de l'Orient chrétien servait de preuve indirecte à l'impartialité d'un humanisme total, donc nécessairement désintéressé. Leur universalisme concret les écartait de l'universalisme abstrait qui, à moins de leur insignifiance géopolitique, n'eût pas manqué de les assimiler à l'une de ces dissidences identitaires qu'il fallait sanctionner sans délai en raison de l'imprévisible, mais inévitable, dangerosité qu'on leur prêtait. Il suffisait de remiser les chrétiens d'Orient à la galerie naturaliste des curiosités de jadis. Ils avaient longtemps été des non-sujets. La globalisation les rendait désormais hors-sujet. Je notai : « Ils disparaissent. Ils ne bénéficient pas pour autant du statut des espèces animales en voie de disparition. La croix ne vaut pas pelage. »

Sans doute était-il préférable que leur martyre passât inaperçu de la victimologie régnante, tant l'empire de fausse douceur dont avait accouché le plus meurtrier des siècles pouvait se révéler ambivalent. Les chrétiens d'Orient se montraient d'ailleurs réticents à endosser le statut de persécutés et, à devoir jouer une partition dans la théâtocratie mondialisée, ils l'envisageaient, non sans la fraîcheur des débutants, ou plutôt des grands recommençants, comme plus noble. J'en retirai que cette indifférence partagée représentait, en l'état, le meilleur gage de leur continuation. Je leur faisais confiance pour s'en arranger – comme à l'habitude. N'avais-je pas moi-même insisté sur la singularité de leur épreuve du temps, toutes les liturgies eucharistiques de l'Orient chrétien retournant l'instant de l'offertoire en un éternel présent chaque fois que, en mémoire de l'unique sacrifice du Christ, la communauté célébrante, appelant sur elle la descente de l'Esprit, « commémorait, au passé, le futur retour en gloire », et qu'advenait ainsi, toujours à venir et toujours déjà là, la « réitération de l'irrépétable » ?

Quinze ans plus tard, cette apologie ne ressort pas infondée – Mychkine, si peu idiot, si profondément fol-en-Christ, voudra toujours absoudre Macbeth de ses crimes pour le délivrer de sa damnation, le désespoir dans lequel l'emprisonne sa vision d'une humanité inexorablement livrée au harcèlement des chiens, rats, corbeaux et démons. La part volontaire de conte qu'elle recèle, portée sous cape comme une amulette, n'est plus de mise, cependant. Ce ne sont pas les chrétiens d'Orient qui ont changé, c'est notre monde qui a muté. Leur misère n'est pas enfin admise, elle est désormais instrumentalisée. Entre la Toussaint et Noël, période propice aux réminiscences à éclipse, les livres, les reportages, les articles abondent, aux illustrations crépusculaires et aux titres alarmistes qui, d'assassinat, massacre, silence en persécution, agonie, mort, déclinent le témoignage définitif, le dernier branlebas, le cri ultime sur les assyriens, les chaldéens, les syriaques, les orthodoxes, les melkites, les coptes, tout ou partie, confession après confession, ou de pays en pays, au choix, hier et aujourd'hui, mais sans lendemain à moins de cette improbable mobilisation à laquelle nous exhortent cependant leurs auteurs souvent improvisés, trop ou trop peu savants, animés par la propension partisane à l'idéologie, gagnés à l'héroïsme de substitution, spécialisés dans la cause désespérée et gratifiante, repentants de la foi perdue de l'enfance, ou simplement émus par l'accointance touristique de hasard, mais tous inquiets de ne pouvoir guérir leur inquiétude à moins de dénoncer une agression qui ne serait jamais que le pic émergé d'une « christianophobie » universelle les autorisant, pensent-ils, à annexer le drame de l'Orient à l'angoisse que leur cause le déclin supposé de l'Occident – déclin qu'ils confondent volontiers avec sa déchristianisation pourtant relative, ou plutôt avec l'image qu'ils s'en font à partir de leurs propres hantises, peurs, dépressions, autant de tristes passions identitaires et qui n'ont de chrétiennes que le nom. À les lire, on apprend plus sur les préjugés de l'époque que sur les chrétiens orientaux, alors que les leçons de l'histoire veulent implacablement que les faux secours dont on s'est escrimé à les entourer ont fini par creuser leur malheur.

D'où la nécessité de quelques rappels sous forme de précautions d'emploi – que je jette ici en vrac. Les voici : le christianisme est d'abord une religion orientale dont le christianisme européen est issu non sans avoir contesté cette filiation le temps de sa prodigieuse expansion conjointe à l'essor de l'Occident – les traités sur les erreurs doctrinales des Orientaux, genre théologique prisé du XIIIe au XIXe siècle, débordent vite les bibliothèques ecclésiastiques pour guider les « missions » romaines puis réformées auprès de ces « frères séparés » afin de les ramener à la vérité du magistère ou de l'Écriture – ; le christianisme oriental s'est accommodé par force, mais aussi par volonté, d'une coexistence grandissante avec l'islam, dont le rejet a été au contraire fondateur de la *christianitas*, de l'idée occidentale de chrétienté – définie à la pointe de l'épée de Poitiers à Lépante, tandis qu'entre-temps les coptes fuyaient Damiette en compagnie des musulmans pour échapper aux troupes de saint Louis – ; l'islam, qui a dominé pendant plus d'un millénaire les chrétiens d'Orient, ne saurait être exonéré de l'état de discrimination dans lequel il les a plongés et des cruautés qu'il leur a régulièrement infligées, mais ne saurait non plus être incriminé d'avoir voulu les annihiler – fût-ce pour un simple motif d'utilité : le statut de dhimmitude, de citoyenneté inférieure que le Coran réserve aux membres des « religions du Livre », comportant entre autres servitudes un impôt de la foi, mais à quoi l'on pourrait ajouter toutes sortes de raisons plus positives, dont la conscience, chez les élites musulmanes, de la contribution chrétienne à la culture arabe ou ottomane – ; à leur égard, l'Occident médiéval, moderne ou contemporain, religieux ou sécularisé, continental ou atlantique, n'a manifesté de souci qu'intermittent et ne saurait être considéré comme leur protecteur, allié ou même bienfaiteur, car, des croisades aux capitations et colonisations, ses interventions, gratuites ou intéressées, ont immanquablement joué à leur détriment, quand il n'a pas nui à leur volonté d'émancipation – en 1915, les Arméniens sont abandonnés à leur sort par les Russes, en 1921 les Grecs par les Français, en 1932 les Assyriens par les Anglais. Telle est donc l'équation qu'il faut garder à l'esprit : en dépit de leur rapport d'hostilité, le monde musulman et le monde occidental ne se sont pas moins entendus, chacun dans son ordre, pour minorer les chrétiens d'Orient – ce qui devrait écarter toute tentation d'essentialisation.

Je consens volontiers à ce que ces notions indicatives, distribuées à la hâte, réclameraient d'être rendues au pluriel de leur historicité, tant il est des islams et tant il est des occidents – déminer ces mots piégés a fait plus que m'occuper naguère. Il n'empêche qu'ainsi va le vocabulaire des chrétiens orientaux pour qui ces extrapolations n'en sont pas et découlent de l'extrême polarisation à laquelle ils sont soumis. Ce sont eux qui l'expérimentent les premiers, parce qu'ils sont sur la ligne de front. Eux qui s'interrogent sur l'islam qu'ils ont connu et qui n'est plus le même – et les sidère par sa porosité à un islamisme qui n'est pas moins son ennemi. Eux qui quittent un Orient réel qui n'est plus le leur pour un Occident imaginaire qui ne sera jamais le leur – et leur réserve déconvenue sur déconvenue, dont celle de leur apporter toutes les conditions de leur survie et aucune garantie de leur survivance. De même, le singulier appliqué à l'Orient chrétien ne paraît guère s'encombrer de l'imprécision d'une telle appellation générique, tant ni les Églises ni les peuples, ni les dogmes ni les cultures, ni les conditions ni les circonstances ne semblent s'apparier – je crois disposer là-dessus du nuancier qui conviendrait aux besoins d'une étude savante, mais l'urgence est trop grande pour y perdre du temps, et le lecteur. Unis à tout le moins par un seul baptême, réunis peu ou prou par de communes souffrances, les chrétiens d'Orient dont il est ici question partagent pour même devenir l'exode qui est en passe d'accomplir ce à quoi avaient échoué épreuves, revers et fléaux par le passé.

Pour savoir où arrêter le trait, il suffit de baliser les territoires qui débordent le Proche-Orient des géographes ou des reporters de guerre et qui se vident l'un après l'autre d'une présence de deux à trois fois millénaire. L'Arménie ne vient pas se surajouter à cet ensemble, car rien de ce qui se passe au Levant n'est étranger au Caucase, car le Levant lui-même ne peut se résumer à la question somme toute récente du christianisme arabe, car les Arméniens y sont de surcroît installés depuis toujours ou presque, et parce qu'ils le fuient à leur tour comme ils quittent la petite république enclavée qu'ils ont arrachée à la décomposition de l'Union soviétique, endurant, depuis, la haute solitude que lui cause le voisinage résolument hostile qui fut le leur chaque fois qu'ils furent indépendants et qu'ils ont immanquablement retrouvé – le sursaut héroïque qu'a représenté la reconquête du Haut-Karabagh ne s'est pas accompagné de son repeuplement. L'Éthiopie et le Kerala doivent au contraire en être retranchés. Orientaux par leur genèse, mais seconds par leur fondation, exposés à des violences proches mais différentes, leurs christianismes, parce qu'établis à la périphérie, si ce n'est reclus aux confins, ne participent pas, ou pas encore, de la catastrophe – l'oppression récente des Abyssins par le Derg, la junte marxisante de Mengistu, relève de la chronique des communismes ; la pression actuelle de l'Hindutva, de l'intégrisme hindou sur les syro-malabars et malankars, de la sociologie des fondamentalismes. Quant à se demander si le sort des chrétiens d'Orient doit être clairement distingué de celui des chrétiens du Nigeria, du Pakistan et d'ailleurs où on les réprime, poursuit et tue, la réponse est oui, sans conteste et sans appel, au regard de l'indigence ou de la fraude intellectuelle que suppose une telle confusion – passant outre au fait qu'à Kigali le génocide résulta d'une opposition entre ethnies pareillement chrétiennes, qu'à Islamabad les chiites sont autant frappés par des attentats que les chrétiens, et qu'à Mandalay, où il n'est guère de christianisme, les bonzes persécutent les musulmans ; passant outre aussi au fait que, à la surface d'une planète abandonnée aux identités assassines, la religion la plus nombreuse, qui inclut un être humain sur trois, compte nécessairement le plus grande nombre d'assassinés ; passant outre enfin au fait que, dans l'inventaire des réalités les plus menacées d'extinction, il en va des religions comme des langues au sein de la mondialisation : les plus indigènes disparaissent les premières et il en disparaît périodiquement sans bruit ni émoi.

Autrement décisive est la question de savoir si l'on peut traiter de l'Orient chrétien en ne traitant pas de l'orthodoxie, de l'Église orthodoxe qui à la fois l'englobe et le dépasse par cet autre versant oriental que dessine le monde gréco-slave. Son primat, le patriarche œcuménique, archevêque de la Nouvelle Rome, ne réside-t-il pas à Istanbul ? Les nations qui la composent n'ont-elles pas vécu pour la plupart et pendant des siècles sous la domination ottomane – excepté la Russie ? Ses fidèles ne forment-ils pas la première minorité chrétienne répandue dans tout le Proche-Orient – excepté les coptes cantonnés à l'Égypte ? Surtout, la poudrière des Balkans ne répond-elle pas à la poudrière du Levant ? Oui et non, ou alors comme un miroir inversé. Du IXe siècle à aujourd'hui, la ligne de fracture qui court de Riga à Split acte la séparation entre les deux Europe, celle de l'Ouest et celle de l'Est. Cette frontière, qui d'invisible redevient visible à chaque crise continentale majeure, a vu s'affronter les missions carolingienne et byzantine, les Églises latine et grecque, les empires centraux et périphériques, ainsi que les diverses coalitions qui, à la suite de l'aventure napoléonienne, ont suscité les deux guerres mondiales. Les totalitarismes nazi et soviétique ont cru pouvoir l'effacer. La Yougoslavie et la Tchécoslovaquie se sont agrégées avant de se désagréger autour d'elle, face à l'impossibilité de la surmonter. Elle traverse l'Ukraine en son centre et la menace d'une partition de fait déjà tangible dans les mentalités. Elle contourne le Kosovo où les caloyers prient désormais pour le maintien des Casques bleus, des jeeps, des barbelés à la porte de leurs monastères classés au patrimoine de l'humanité et réduits à l'autarcie que leur impose un droit à l'indépendance qui leur dénie le droit à la paix – comme en un triste écho, au mitan de l'Europe, d'autres lieux assiégés sous d'autres cieux pourtant plus tumultueux. Qu'en dire de plus, sinon que la question d'Orient ne s'est pas éteinte avec la disparition de la Sublime Porte, que la décomposition de l'Empire ottoman n'en finit pas de finir, et que la Russie continue de prétendre au titre de protectrice des chrétiens d'Orient que la France, hier sa rivale, a délaissé avant de renoncer à le lui contester et d'en classer les archives dans quelque soupente du Quai d'Orsay ? On ne prend jamais assez garde aux invariances qu'ébrèchent seulement les démissions – loin de moi l'idée que cette protection relèverait d'une mission sacrée, mais il y est allé, sous la monarchie comme sous la république, d'une constante de notre influence en Méditerranée, dont nous fûmes la première puissance et où nous agissons dorénavant pour le compte de l'Amérique.

Depuis le XVIIIe siècle et le traité de Kutchuk-Kaïnardji qui marqua son entrée sur la scène internationale au profit de la première révolte grecque contre les janissaires, Moscou poursuit la même diplomatie en Europe orientale et en Méditerranée orientale, répète les mêmes fondamentaux sous couvert de panrussisme, de panslavisme, de panorthodoxisme ou d'eurasisme, agite le mythe d'une Troisième Rome dont elle a pourtant conscience de la fantasmagorie dans sa course éperdue après l'ombre de Byzance qu'elle voit s'éloigner chaque fois qu'elle croit s'en rapprocher – précisément à la croisée de l'Europe et de l'Asie, dont la Crimée, l'antique Tauride, demeure la clé et le verrou maritime, ce qu'elle a toujours été, du royaume hellène du Bosphore à la principauté romaine orientale de Chersonèse, et bien avant le Khanat tatar pour qui ne saurait résister à la vaine querelle mélangeant titres d'ancienneté et de propriété. À cette exception près, considérable mais isolée, de la Russie qui néanmoins joue d'abord son jeu, l'orthodoxie, dans son universalité, et ne figure qu'en arrière-plan du drame de l'Orient chrétien ; dès lors, ses antiques patriarcats, Constantinople, Alexandrie, Antioche, Jérusalem, liés à une Grèce impuissante, se trouvent placés, eux, aux avant-postes de la tourmente, à côté et à égalité des autres Églises orientales dont la multiplicité redouble la faiblesse, celle qu'un œcuménisme tardif, concomitant au début de l'exode, ne pourra pallier.

Aussi est-ce à l'emprise des idéologies qu'il s'agit de se soustraire. La première aberration, au sens oculaire du mot, tient à la représentation de l'islam, dont la nature mortifère serait redevenue virulente après un long sommeil – à preuve le désastre des chrétiens d'Orient qui, pour beaucoup, vivent au sein du monde arabo-musulman. Il est vrai qu'ils constituent l'un des rares groupes religieux sortis du XXe siècle avec moins de territoires, dans l'absolu, et moins de fidèles, en proportion, qu'il n'y était entré. Ce qui se vérifie plus largement pour l'orthodoxie ainsi que pour le bouddhisme, qui, outre l'affinité spirituelle qui les caractérise, ont en parenté historique d'avoir servi de cobayes aux plans de suppression de la religion programmés et exécutés avec système par les communismes soviétique et chinois

– au nom de l'athéisme, et non pas du Coran. Pareillement, le pays oriental où les chrétiens ont quasiment disparu est la Turquie dont ils ont été chassés par un nationalisme révolutionnaire emprunté à l'Occident – sur la terre qui a vu se tenir les sept premiers conciles œcuméniques ayant défini les dogmes de la Trinité et de l'Incarnation, et, en ce sens, aussi « sainte » que d'autres. Ils l'ont été non pas parce qu'ils étaient chrétiens, mais parce qu'ils n'étaient pas turcs – au nom du peuple indivisible, insurgé, en armes, menacé par l'étranger de l'intérieur comme à l'extérieur. Ils ne l'ont pas été en vertu d'une poussée obscurantiste, mais d'un projet moderniste. Ce ne sont pas des clercs réactionnaires qui ont mené cette purification ethnique, mais des officiers jacobins et réformistes. En 1989, pour prendre une date qui a l'avantage d'évoquer la Bastille et le rideau de fer, alors que le laïcisme était encore de mise à Ankara, l'on comptait ainsi un chrétien pour deux cents habitants là où ils étaient autour de trente pour cent en 1900 – chute abyssale dont, sur la même période, on ne trouvera d'exemple ni dans un quelconque pays arabe ni en Iran.

Ce qui mène à cette autre distorsion du regard qu'occasionnent les représentations démographiques, hors la mise en relief des contextes et évolutions. La pénurie et le peu de fiabilité des recensements publics, la tendance plus anxieuse qu'exubérante des Églises orientales aux dénombrements excédentaires, expliquent que le vertigineux accordéon statistique qui en ressort soit propice aux calculs les plus contradictoires – comme aux manipulations atterrantes ou lénifiantes. En toute hypothèse et eu égard aux éléments disponibles, il faut au contraire retenir que, du Moyen Âge au XIXe siècle, les populations chrétiennes du Proche-Orient ont conservé une notable stabilité de proportion avec les autres populations, musulmanes ou non musulmanes – oscillant entre baisses mais aussi hausses récurrentes, indice que les conditions globales l'emportèrent sur les circonstances particulières, les phénomènes de persécution ou de déportation, par ailleurs contenus à des communautés définies dans un temps et un espace donnés, ne pouvant être surestimés. C'est au Levant, du début du XXe siècle à l'orée de la décennie 1980 pour garder cette date butoir, que les chiffres semblent accuser un net reflux si l'on ne les pondère pas du facteur différentiel que représente le taux de natalité : le poids relatif des chrétiens diminue alors que leur nombre en valeur absolue demeure étal, voire s'avère croissant. Au cours de la même période, chrétiens et musulmans émigrent, toujours au prorata, de façon égale et pour d'égales raisons que tous subissent également, en ce qu'elles sont d'abord politiques ou économiques. Ce sont les difficultés à rester et les facilités à partir qui diffèrent : une marginalisation objectivement grandissante et une relative supériorité sociale rendent les chrétiens plus empressés et plus aptes à l'exil. Ce décalage aurait pu être atténué par le récent mais subit ralentissement des naissances au sein du monde arabo-musulman, dont le taux de fécondité se rapproche désormais de celui des chrétiens. Il ne le sera pas à cause de l'exode dont les raisons ne dépendent pas de la logique des flux démographiques ou migratoires, mais d'un état général de belligérance qui dévoile, condense et accélère la fêlure de civilisation que chrétiens et musulmans les plus conscients se sont efforcés de recouvrir – en vain, car la fêlure est allée se crevassant, travaillée par une rupture dans l'ordre du monde et de l'histoire échappant à leur pouvoir.

Ultime torsion de perspective, la modernité se clôt sur les rivages de la Méditerranée à rebours de la manière dont elle avait commencé. En 1492, les Juifs et les Mauresques expulsés d'Espagne trouvent refuge dans l'Empire ottoman. La fermeture et l'uniformité sont alors du côté de l'Europe chrétienne, l'ouverture et la diversité du côté de l'Orient musulman – inversion qui, en soi, ne signifie et ne justifie rien, qui s'offre tout au mieux à la méditation, mais dont l'irrésolution spéculative immunise précisément contre le dualisme. Plus avant, et plus près de nous, à avoir une religion distincte, des lieux de culte séparés, des rites, des usages, des idiomes liturgiques singuliers, à fuir la campagne pour rejoindre les villes plus sûres à habiter, à résider dans les mêmes quartiers isolés pour se protéger de l'action des foules et de l'inaction de l'État, à s'adonner aux mêmes métiers de service qui leur sont abandonnés pour mieux les exclure des responsabilités, à connaître plusieurs langues pour avoir été souvent dispersés et pour garder des liens avec leurs parentèles disséminées à l'étranger, à faire moins d'enfants pour qu'ils fassent plus d'études, puisque la culture est leur seule liberté, à avoir reconduit, en un mot, l'unique stratégie de défense qu'ont les minoritaires, les chrétiens d'Orient, depuis une à deux décennies, occupent dans la représentation musulmane la fonction symbolique que la société européenne a longtemps assignée aux Juifs – là encore, le rapprochement n'induit que le constat qui le produit, car la rue arabe bruisse désormais de la hantise de ces traîtres omniprésents mais insaisissables qui refusent de s'assimiler, rejettent les traditions, méprisent la nation, s'enrichissent sur le dos du peuple, corrompent le gouvernement, vendent le pays à l'ennemi, quand ils ne profanent pas les mosquées, n'empoisonnent pas la nourriture, n'enlèvent pas les femmes et ne sacrifient pas les enfants.

L'aboutissement victimaire d'une telle diabolisation n'est malheureusement que trop connu. La combattre ne peut passer par une confessionnalisation accrue des chrétiens d'Orient dont nous ferions l'oriflamme de nos croisades mentales, car il faudrait penser au contraire à déconfessionnaliser l'Orient en son entier – promouvoir une citoyenneté ouverte, un respect intégral des droits fondamentaux, une pleine liberté de conscience, d'expression, de culte, une juste égalité devant la loi afin qu'à être chrétiens tout en ne l'étant plus (à tout le moins nommément) les chrétiens accomplissent leur vocation de tiers indispensable à l'émancipation de tous, dont leurs compatriotes musulmans. Cette position, la seule raisonnable, la seule tenable, je l'ai ardemment soutenue, mais, à relire la façon dont je viens de la répéter comme si je me contentais de l'ânonner, il s'impose à moi que le conditionnel passé des hypothétiques futurs échus, en lieu et place du souhaitable qu'exprime le conditionnel présent, peut seul convenir désormais à nous remémorer ce qu'il aurait fallu faire – non pas que la démocratie soit à jamais impossible au Proche-Orient, non pas que toute présence chrétienne disparaisse pour toujours du Proche-Orient, mais l'une ira sans l'autre, car les chrétiens d'Orient ne seront plus qu'un petit reste à destination des manuels d'ethnologie. Avec leur déracinement, la transmission vivante du récit qui se déroule entre des fleuves qui ont pour nom l'Euphrate et le Nil, des montagnes que l'on appelle l'Ararat et le Sinaï, le récit des origines, ou plutôt du jardin d'origine, aura été définitivement interrompu.

C'est la généalogie du resserrement des mondes à mesure que se déploie l'unification du monde qui est au cœur de cet essai. Ce sont les pertes de mémoire inhérentes à la mondialisation qui y sont traitées afin qu'elles soient, autant que possible, réparées – ici l'induration des identités, là leur dissolution. L'exercice d'anamnèse invite à remonter le temps plutôt que de dérouler la chaîne des événements depuis un hypothétique commencement qui forcerait les causes matérielles en causes formelles. L'heure, surtout, est trop tardive. Aujourd'hui plus qu'hier encore, les captations faussement bénévolentes ne peuvent que précipiter l'incendie qui cerne les chrétiens d'Orient et a commencé de les consumer au tournant du siècle et du millénaire – en amont et en aval du 11 septembre 2001 pour qui voue une affection superstitieuse aux dates.

III

Le monde comme fournaise

Les flammes auxquelles demeure suspendu le dernier chant de l'*Iliade* dévorent le bûcher des funérailles que Troie a préparé pour lamenter l'infortuné Hector, mort au combat, en un holocauste dont les braises et les larmes finiront par s'éteindre, noyées sous le vin noir de la trêve. La destruction de la cité par le feu n'est qu'annoncée, mais inéluctable car décidée d'en haut – tout comme l'était le sort du fils de Priam, protégé d'Apollon mais réprouvé par Athéna. Les batailles des hommes ne sont jamais qu'un reflet de la querelle des dieux. C'est leur faveur ou leur défaveur qui détermine victoire ou défaite. Cet incendie-là sera sans fin. Les cycles épiques qui suivront seront consacrés à sa propagation au bout de l'univers. Ils raconteront non pas d'autres histoires, mais la seule et même histoire dont le poème homérique vient d'inaugurer le récit, celui de la guerre des mondes, en délinéant sa géographie cardinale. Dès l'antique Ilion, des ruines fumantes tracent la ligne de démarcation entre l'Occident et l'Orient qui en feront une ligne de front siècle après siècle – jusqu'à nous.

J'ai interprété, ailleurs, la foudre qui tombe sur New York et anéantit les *Twin Towers* comme une atteinte intolérable au mythe fondateur des États-Unis, appelant en réponse le déluge de feu, pareillement venu du ciel, qui s'abattra sur Bagdad. Les historiens du futur rattacheront sans doute toutes sortes d'essors et de déclins enchevêtrés à ce double coup de tonnerre ; aucun n'en exceptera le début de la fin des chrétiens d'Orient. Dans l'instant, eux-mêmes ne peuvent imaginer en quoi cette nouvelle guerre sera une guerre neuve. Cette fois encore, le combat qui s'ouvre n'est pas le leur et, après tant de conflagrations qui les ont couverts de cendres sans jamais les submerger, le souvenir le change en répétition. Cette fois, pourtant, l'embrasement annonce la fournaise, et la fournaise, leur ensevelissement. La mémoire, qui jusque-là leur a servi d'instinct de survie, les égare – le déjà-vu se révèle trompe-l'œil.

En quoi tiendrait la nouveauté ? Que ce conflit soit dissymétrique, les intentions dissemblables, les buts divergents, comme à l'habitude et comme il sied puisque aucun conflit ne saurait supporter une égalité parfaite, tout conflit majeur engageant une refonte du monde dont les conséquences prévisibles balaient les manichéismes absurdes ; car il y va d'abord et toujours de ces hommes, femmes, enfants démunis qui interdisent non seulement la politique du pire, mais encore celle du moindre mal – je l'ai écrit et le répète. Que la lutte qui s'engage soit voulue finale, parce que globale et totale, sans pour autant être mondiale, est déjà moins banal. La singularité tient cependant au vocabulaire médiéval des guerres saintes que convoquent les deux camps, chacun pour se convaincre de sa justice et en persuader son opinion – djihad, croisade, Grand Satan et axe du Mal deviennent des mots de télévision. Le rappel est artificiel, l'artifice à proportion de la mutation qu'il déguise. Si toute théologie est aussi une polémologie, la science du salut intégrant l'art du combat spirituel, et, partant, militaire, terreur et contre-terreur ne renvoient pas à l'âge gothique, mais à l'ère des révolutions modernes. Le *remake* est délusoire – on ne refera pas les guerres de religion, on les pastichera. Les nouvelles formes religieuses le savent, condamnées qu'elles sont à départir leurs avenirs incertains dans des batailles où hier compte pour rien. Le retour présumé de Dieu dans l'histoire exclut les chrétiens d'Orient, car il ne s'agit pas d'un retour, mais d'un tournant, parce qu'il n'y va plus de l'histoire, mais de la posthistoire – encore faut-il dire pourquoi.

Le credo américain est théodémocratique. En trouvant dans le Nouveau Monde la Terre promise, les dissidences protestantes de la Vieille Europe ont engendré un modèle unique où s'équivalent la liberté des croyances et la croyance dans les libertés. L'indépendance des Églises envers l'État n'a d'égale que la dépendance de l'État à l'égard de Dieu – quoique réduit à l'entité providentielle des théismes abstraits, seule apte à les rassembler. L'union tolérante et prospère de la foi et de la libéralité n'a de limite que la primauté de l'Écriture – qui, légitimant la loi et la morale communes, garantit la paix sociale. La religion civile qui en résulte n'a de culte que la nation élue pour rendre ce culte – c'est elle qui bat la monnaie, dit le droit, multiplie les fêtes, les offices, les temples, galvanise les soldats. Entre retrait millénariste et sortie messianique, une même sécularisation des sources bibliques anime la diplomatie américaine, justifiant l'alternance entre isolation et intervention. La nécessité, réelle ou inventée, de préserver la sacralité du territoire arme à intervalles réguliers une politique impériale qui se satisfait autrement de la promotion de l'Évangile et du libre-échange. En frappant les États-Unis sur leur sol, l'attaque du 11-Septembre a dévoilé la vulnérabilité de la théodicée américaine. En un instant, la consécration planétaire de l'hyperpuissance a cédé la place à l'évidence d'une impotence aveugle. L'imminence de la parousie s'efface devant l'ébranlement des fondations qui fait resurgir le fondamentalisme. S'impose le retour au modèle d'origine, l'antique Israël, qui commande d'authentifier l'alliance à ce tribunal de vérité qu'est le champ de bataille – afin que, traitant le feu par le feu, l'ordalie écarte la perspective proprement terrifiante de voir se renverser la prédestination de l'empire des biens au Bien en préfiguration de la fin du monde.

Or, le credo djihadiste est précisément apocalyptique. En lançant leurs commandos à l'assaut des États-Unis, les soldats d'Allah veulent démontrer que leur capacité au suicide outrepasse les pouvoirs des armadas, de la finance et de la technologie. Au nom de l'islam radical, ils entendent contester à l'Amérique la victoire sur l'athéisme soviétique à laquelle a abouti la guerre d'Afghanistan – qui, un temps, a décidé d'un attelage autrement impossible. Le retour à l'origine, au noyau primordial, à la geste des prédécesseurs, à l'expérience première du Prophète et de ses compagnons, commande l'idéologie islamiste – plus exactement wahhabite, et plus précisément encore salafiste, branche armée et associés. La pureté du fondement, intangible, s'oppose à l'idolâtrie du mélange, irrémissible. L'interdiction de l'interprétation et la répétition de l'histoire ne font qu'un dans le rejet de toute médiation hors de la Loi qui vaut loi – jusqu'à ce paradoxe mortifère selon lequel l'ignorance de la révélation se résout par l'élimination de l'ignorant. L'infidèle, dès lors, est partout. L'incroyance menace au-dehors, mais aussi au-dedans de la communauté des croyants, engage à la lutte finale pour garantir le sanctuaire initial en l'étendant, par le feu, à la planète – à l'instar des torchères des raffineries qui, dans la péninsule Arabique, encadrent la Kaaba, vide et voilée, qui unit en séparant, proscrit l'étranger, dissout la différence dans l'ombre que porte l'Écriture sans image sur les sables en refermant le désert sur le désert. L'achronie se donne un temps, mais aboli ; l'utopie se donne un lieu, mais interdit. L'apocalypse n'est plus un terme, elle devient un présent – celui de l'hyperterrorisme.

J'ai dressé à plusieurs reprises et ne reprendrai pas ici les simples diligences intellectuelles qui évitent de faire caricaturalement se valoir les parties de ce duel. J'ai aussi indiqué que, par-delà les facteurs sociaux, économiques, politiques qui l'explicitent, il suffit de lire Dostoïevski et de descendre à sa suite dans les souterrains des Lumières pour en saisir la face cachée. Alors que le XVIIIe siècle voit s'opposer tradition et modernité, l'heure religieuse est aux réveils et autres revivalismes. La réaction, en fait de contrer la révolution, l'imite. Lui restituant son sens littéral de courbe close entre départ et arrivée, elle renverse le signe du progrès en signal du retour – et ce d'autant mieux que les idéaux révolutionnaires eux-mêmes calquent des concepts théologiques laïcisés. Alors que la raison se fixe sur la critique de la religion, les religions procèdent à leur rationalisation. Contraintes de se réviser, elles visent à se rétablir en se faisant militantes. Confrontées à la rupture de l'Homme nouveau avec l'ordre ancien, elles brisent avec leur propre continuité en prêchant le salut par la régénération. Forcées de s'inscrire dans le devenir, elles se projettent dans l'horizontalité en se constituant comme antimonde. La divinisation du corps politique et la politisation du fait religieux sont ainsi les deux versants d'une même sécularisation. Tout juste après la révolution bolchevique apparaissent ainsi, dans l'ensemble des monothéismes, des groupes identitaires et cloisonnés dont la contre-culture confine à la contre-société, mais qui retiennent de la modernité l'efficace de l'activisme – minimalisme théorique de la littéralité, maximalisme pratique de la discipline, système de prosélytisme, de propagande, d'influence, emploi indifférencié des moyens de masse. Elles se donnent méthodiquement pour premier but la conversion du mécréant dont l'apostat est autant la figure que l'athée – les *Fundamentals*, bréviaire de l'évangélisme, sont collationnés et publiés à Los Angeles en 1917, tandis que le Merkaz HaRav Kook, le centre du sionisme religieux, est fondé à Jérusalem en 1924, la Société des frères musulmans à Ismaïlia en 1928. Face à cette subordination enfiévrée de la foi à l'action, la longanimité des piétés traditionnelles s'avère une irréligion.

Ce que ces fondamentalismes doivent au Dieu-volonté du nominalisme et au changement de paradigme de la métaphysique occidentale, passé de l'Être à l'Histoire à la suite de la Renaissance et de la Réforme, reste à traiter – c'est un autre livre. Ce que les totalitarismes du XXe siècle, nazi et communiste, gardent de religieux en dépit de leur profession d'athéisme, demeure pareillement à être discuté – selon la valeur que l'on accorde, ou non, par-delà les plagiats flagrants du rite, de l'iconographie ou de l'hérésiologie, à la fonction concrète de la religiosité dans l'appareillage symbolique de toute société. D'autres questions mériteraient d'être dégrossies, dont le mécanisme exact de ces pseudomorphoses – plutôt que métamorphoses. Pour saisir l'emprise de cette mutation sur les chrétiens d'Orient, il faut toutefois sauter à 1979

– l'année même qui voit le pape Jean-Paul II se rendre en Pologne où les manifestations syndicales en forme de processions mariales émeuvent aux larmes jusqu'aux tankistes des divisions blindées censées les mater.

Une décennie avant la chute du mur de Berlin, un monde neuf émerge – préparé par deux siècles de sourde hostilité et cinquante ans d'imperceptible réarmement. L'épicentre en demeure inchangé : c'est l'Orient, mais étendu, qui de proche est devenu moyen – *middle*, au sens de médian et d'intermédiaire, l'américanisation du vocabulaire diplomatique consacrant la victoire des océans sur la Méditerranée. À Téhéran, l'imam Khomeyni, de retour d'exil, fait de l'Iran la première république islamique dont il se prépare à exporter le modèle. À Moscou, Leonid Brejnev décide d'envahir l'Afghanistan où l'expansionnisme soviétique connaîtra son premier vrai arrêt face aux moudjahidines formés dans les madrasas du Pakistan. À Washington, Ronald Reagan s'impose pour la première fois dans la course à l'investiture républicaine pour la Maison Blanche en ralliant les évangéliques qui veulent rompre, entre autres, avec l'impuissance de l'administration Carter à subjuguer le monde musulman. Cette même année, la légitimation du Gush Emunim, du « Bloc de la foi », par le Likoud, le parti de droite finalement arrivé au pouvoir, et la mise en route de l'université islamique de Gaza, matrice du futur Hamas, dénotent la montée des extrémismes religieux dans le conflit israélo-palestinien. Mais l'année 1979 voit également resurgir la rivalité entre sunnites et chiites, l'Arabie et la Perse, les dominants et les déshérités de l'oumma, qui se solde par le massacre de pèlerins iraniens à La Mecque. Déjà, derrière la revanche des religions, perce l'exacerbation des confessions. Déjà la prédiction d'un choc des civilisations s'invertit en implosion des cultures. Déjà la désignation automatique de l'adversaire se dérobe, tant se démultiplient fronts et frontières. La réapparition de Dieu, que signalent les cartes militaires, va se traduire par l'effacement de l'Orient chrétien des atlas et planisphères – avec l'Irak, j'y reviens, pour coup de gomme initial.

À l'automne 1990, à la suite de l'invasion du Koweït par Saddam Hussein, George Bush suscite contre Bagdad la plus grande coalition militaire de tous les temps en réunissant trente-quatre pays sous l'égide des Nations unies, sans juger bon toutefois d'abattre le régime en place – le nouvel ordre mondial demeurera ainsi une parenthèse suspendue à l'illusion d'une histoire sans histoire. Au printemps 2003, nonobstant le faible nombre de ses alliés et les fortes réticences du Conseil de sécurité, son fils George W. Bush décide d'envahir l'Irak sur l'accusation forgée de produire des armes de destruction massive – afin, entre mille buts, de matérialiser un ennemi autrement global, nomade et invisible en le circonscrivant, par effet de symétrie, à un territoire. Entre-temps, rompant avec le laïcisme affiché du parti Baas, Saddam Hussein pose au va-t-en-guerre de l'islam alors que, au nom de la théorie de la guerre juste, les Églises de la Vieille Europe dénoncent, dans l'innovation de la guerre préventive qu'approuvent les christianismes américains, un néocolonialisme – le chassé-croisé idéologique est total. L'achèvement de la phase classique du conflit, au début mai, déclenche un état de violences tous azimuts qui se poursuit depuis lors –, enchaînant le sort des chrétiens désarmés aux déchaînements de mercenaires, miliciens, maffieux et kamikazes surarmés. Entre occupation et insurrection, pacification et subversion, l'endémie de la guerre asymétrique que recouvre l'expansion de la guerre civile mène à l'enlisement et à l'anarchie. Au 18 décembre 2011, date du retrait des troupes américaines, l'arrêté des comptes accable le bilan de l'intervention. On dénombre un million de victimes militaires ou sanitaires pour deux millions de déplacés, tandis que le nombre des chrétiens décroît chaque jour – et n'a encore cessé de diminuer depuis.

C'est le christianisme de l'antique Mésopotamie, le pays d'Abraham, placé sous l'apostolat de Thomas le didyme, de langue et de liturgie sémitiques, passé d'Antioche à la Perse voisine, puis à l'Inde lointaine, qui s'estompe ainsi peu à peu de la terre qu'il n'a pas moins façonnée qu'elle ne l'a façonné. Au regard des autres confessions présentes mais mineures, arménienne, grecque ou latine, et d'une communauté syriaque, il incarne le génie du lieu, porte l'identité de son peuple le plus ancien, en domine le paysage par la masse de ses deux branches séparées, l'une assyrienne et orthodoxe, l'autre chaldéenne et catholique – cette dernière, née au XVIIe siècle sous l'impulsion des diplomaties occidentales, offre la particularité d'être la seule communauté unie à Rome, supérieure en nombre à la communauté d'origine dont elle est issue et ce, de manière écrasante. Son histoire compte des pages lumineuses, dont la première épopée évangélisatrice de l'Asie et la transmission initiale de la culture grecque aux Arabes. Pour ce qui est des ombres, qui vont et viennent depuis la conquête musulmane au gré des nouveaux envahisseurs, dont les Mongols, elles s'opacifient avec l'indépendance de l'Irak moderne. En 1933, dans l'indifférence de l'ex-colonisateur britannique, et plus largement des gouvernements européens, la monarchie hachémite procède au massacre des Assyriens de l'Hakkâri qui ont tenté de s'établir en nation indépendante au cœur des montagnes du nord – aujourd'hui pour partie turques d'administration et entièrement kurdes de peuplement. Sous ce traumatisme, l'Église chaldéenne, désormais seule à être pleinement représentative, adopte une attitude légaliste et parachève son arabisation. L'avènement de la république, qui est proclamée laïque en 1958, et la prise de pouvoir, dix ans plus tard, en 1968, par le Baas qui se déclare socialiste, confortent sa volonté d'intégration – à tort.

C'était écrit – pour qui voulait y aller voir. À la manière d'un prisme, le parti baasiste condense les réfractions du panarabisme sur lequel, depuis la fin du XIXe siècle, ont misé les chrétiens du Levant. En prônant la *Nahda*, la renaissance de l'arabité, ils entreprennent alors d'adapter le mouvement des nationalités et des rénovations à leurs circonstances. Contre l'Empire ottoman, l'oligarchie turque qui le régente et le système communautaire à base confessionnelle qui le maintient, ils projettent de créer un ensemble démocratique où l'identité culturelle et linguistique prévaudra sur l'appartenance religieuse – seule la confession rattache les

Arabes musulmans à la Sublime Porte, tout le reste les en détache. Forts de leur singularité, les grecs-orthodoxes déterminent les axes de cette utopie politique : principalement citadins, ils favorisent le rapprochement avec les classes sunnites aisées au regard d'une convergence d'intérêts éprouvée ; significativement disséminés, ils avantagent l'idée d'un grand espace, ouvert et transfrontalier ; historiquement liés à la protection de l'Empire tsariste dont l'Union soviétique a pris le relais, ils soutiennent une conception progressiste de la société. Passé par la Sorbonne où il a lu Proudhon, Sorel et Maurras, le Syrien Michel Aflak est l'un d'eux. Il fonde le parti Baas à Damas en 1947, réussit à l'exporter, malgré les insuccès répétés des républiques unies et autres rêves fédéraux avortés, avant de devoir lui-même se réfugier, en 1968, à Bagdad où il finira assigné au rôle d'imprécateur antisioniste, non sans s'être secrètement converti à l'islam – à moins qu'il n'ait agi de son vivant sous la contrainte, ou qu'il ne se soit agi d'une manipulation après sa mort, le régime se montrant habile à mêler l'humiliation à l'apologie sans que l'on puisse exclure une résignation à la religion majoritaire de l'ordre : Aflak avait tôt rejeté le marxisme pour son indifférence aux fondements symboliques et considérait que le Coran avait révélé la « pulsion vitale » de l'arabité.

Dans tous les cas, la grammaire de sa destinée instruit la parabole de la dérive panarabe. Les chrétiens ont voulu susciter une réalité supranationale, mais ce sont des chauvinismes qui se sont imposés – et les tiennent en suspicion – ; une société égalitaire, mais ce sont des despotismes qui ont triomphé – et écrasent les marges dans lesquelles ils sont rejetés – ; une culture de la liberté, mais ce sont des idéologies vindicatives qui ont gagné – et les forcent à un perpétuel surenchérissement. Ils ont rêvé d'escamoter le fait minoritaire, mais des minorités autres que les leurs ont accédé au pouvoir – alaouite en Syrie, sunnite en Irak, qui n'ont pas tardé à rivaliser. Ils ont rêvé de dépasser le facteur religieux, mais le panislamisme, en se superposant au panarabisme, l'a emporté – et finit par les emporter.

Syrie, Liban, Jordanie, Palestine, Égypte : la défaite est générale – comment ? on le verra plus bas. En Irak, jusqu'à l'occupation américaine, les chrétiens se confrontent aux mêmes impasses. Ils sont écartés d'une révolution qu'ils ont pensée – à tout le moins dans laquelle ils ont espéré. La Constitution promet une citoyenneté sans discrimination, la réalité consacre la prégnance de la sociologie musulmane. Les congrès du parti engagent programme sur programme de modernisation, l'occidentalisation des mentalités reste superficielle, car le pouvoir la réserve à l'appareil d'État, militaire, policier, clanique, et renforce partout ailleurs sa mainmise dictatoriale. Pour ce qui est de sa relation institutionnelle aux Églises, il transite entre censure et patronage, nationalisation et effet de vitrine, selon la mesure qu'il accorde aux manifestations de ferveur patriotique qu'il attend d'elles, qu'il leur réclame et auxquelles, au besoin, il les contraint – à commencer par le culte du Raïs, mécène à ses heures d'antiques monastères dont la restauration ajoute à son inévitable icône le halo d'une dévotion munificente. Comme si le temps était resté suspendu à l'horloge hydraulique que Haroun al-Rachid, le calife des *Mille et Une Nuits*, avait offerte à Charlemagne, empereur des Francs, le régime trouve néanmoins quelque utilité diplomatique aux chrétiens et, comme il est d'usage en d'autres pays du Levant, les fait figurer au-devant de la scène internationale pour qu'ils y récitent des prosopopées qu'il ne leur reste qu'à outrer – promu commis de Saddam Hussein auprès des chancelleries avec le titre de ministre des Affaires étrangères, le chaldéen Mikhaïl Johanna, plus connu sous son pseudonyme de militant baasiste Tarek Aziz, finira ainsi condamné pour complicité de crimes de guerre.

Le sort des chrétiens en Irak demeure néanmoins favorable par effet de comparaison avec le voisinage. Bien que reconnaissant l'islam comme religion d'État, la révision constitutionnelle de 1970 confirme leur existence au chapitre des nationalités et cultures autochtones là où la Constitution égyptienne de 1971 introduit la charia comme source du droit, et la Constitution turque de 1982 restreint la liberté de religion aux impératifs de sûreté nationale. Signe de leur relative immunité, ils enregistrent sur cette même période une multiplication de leurs lieux de culte dont aucune restriction légale ne freine l'édification ni la visibilité. Ils connaissent également une croissance démographique qui leur permet de conserver un poids représentatif, alors que la population globale est en explosion. Les incidents dont ils peuvent avoir à souffrir de la part d'autres ethnies et confessions les rapprochent du pouvoir sunnite qui trouve dans l'exercice de leur protection l'occasion de répressions recommencées à l'encontre de minorités plus menaçantes – et qui ainsi renouvelle, incidemment, sous une forme sécularisée, le statut de *dhimmis*, de tributaires, auquel le Coran destine les juifs, les zoroastriens et les chrétiens.

Cette logique de gages et garanties se referme à l'orée des années 1980. S'ensuit le temps du dépeuplement accéléré. Minorité parmi les minorités, le christianisme irakien se trouve piégé aux rébellions qui, de la guerre avec l'Iran à la guerre du Golfe, vont s'avivant. En 1988, au nord, à la veille de la signature du cessez-le-feu avec Téhéran, l'insurrection séparatiste kurde, après une première éruption entre 1963 et 1975, reprend. Elle entraîne une répression barbare qui, sous les bombes et les gaz, achève l'exode des chrétiens et scelle l'extinction de leurs implantations ancestrales dans cette région. En 1991, au sud, à la faveur du retrait des forces de la coalition, la révolte religieuse chiite cristallise l'hypothèse d'une république islamique arabe que les chrétiens redoutent par-dessus tout. Elle réveille celle du Kurdistan avant que ce soulèvement général ne soit à son tour écrasé et que d'autres territoires traditionnels ne soient abandonnés par les assyriens et les chaldéens – les déplacements de réfugiés s'exerçant cette fois vers l'étranger. En guise de preuve de son loyalisme, le christianisme irakien, qui a acquitté un lourd impôt du sang sur le front militaire iranien, solde par un silence amertumé les exactions des factions rebelles et de l'armée régulière dont il a eu à souffrir dans les zones de contestation. Au même moment, afin de sauver son régime vacillant, Saddam Hussein troque le treillis contre le turban, endosse la rhétorique du djihad et se réinvente Saladin – le vainqueur des croisés, originaire de Tikrit et de confession sunnite, comme lui.

Chez George W. Bush, le tour moralisateur du discours emprunte à ce même vocabulaire du passé, mais le projet géopolitique se conjugue au futur. Envahir l'Irak n'est que le prélude au complet remodelage du Moyen-Orient. La version simple, stratégique, de cette ambition tient dans la théorie des dominos, en l'effet de contagion qu'est censément causer, au sein d'un agglomérat de tyrannies, l'instauration d'une démocratie – fût-ce par la force, le statut d'hyperpuissance nouvellement acquis conférant un réalisme inattendu à la doctrine idéaliste modelée par Wilson après 1918, qui fait dépendre la paix universelle de l'internationalisation du modèle américain. La version complexe, idéologique, provient du courant néoconservateur qui considère l'Irak comme le laboratoire d'une politique étrangère offensive, apte à prévenir la formation de nouvelles menaces et donc à empêcher l'émergence de toute puissance hostile, tant à l'échelle planétaire que régionale. Cette volonté de projection suprématiste découle, chez ses théoriciens, d'un sentiment d'affaissement national. Autant la promotion de l'antitotalitarisme les a rassemblés dans une lutte intransigeante contre le communisme, autant le rejet de la contre-culture gauchiste issue de la défaite contre le Vietnam, qui a souvent été la leur à l'origine, les réunit dans un sursaut identitaire contre la tentation du déclin – ou qu'ils perçoivent comme telle. La désignation de l'adversaire déterminant la conscience de soi, mais déteignant aussi sur elle, l'urgence qu'ils posent à ce que les États-Unis interviennent unilatéralement ne se distingue guère d'un avant-gardisme de l'agir léniniste, si l'on veut, de même que leur exaltation de la démocratie confine à l'absolutisme libéral. L'impératif de retourner le monde oriental en une oasis de paix se déduit, pour eux, de la déraison du pacte contracté avec le monde musulman contre le monde soviétique – un jugement auquel pourrait souscrire Ben Laden, non sans l'inverser. Face à la crevasse du *Ground Zero*, réaffirmer l'Amérique revient à la réarmer en tant que république impériale et requiert d'en faire la démonstration sans tarder. L'Irak n'est jamais que le premier théâtre d'opérations d'une refonte de l'ordre mondial – en quoi on aurait tort de hisser la sécurité d'Israël, quels que soient la constance de ce souci hors la guerre ou l'avantage de cet argument dans la guerre, au rang de seul mobile ou de pure finalité du néoconservatisme. Au regard de ses principes et à l'aune de l'influence qu'il a exercée sur la doctrine Bush, ce mouvement au préfixe déterminant n'a donc à proprement parler rien de préservateur, la sauvegarde de l'existant n'étant pas sa priorité – les chrétiens d'Orient, qui représentent un non-sujet, l'apprendront à leurs dépens.

Le « Grand Moyen-Orient » doit servir de filage à cette démiurgie politique – annoncé le 26 février 2003 devant l'American Enterprise Institute, le projet est officialisé le 24 janvier 2004 dans le discours sur l'état de l'Union et confirmé le 3 juin au sommet du G8 de Sea Island, puis le 29 juin au sommet de l'Otan d'Istanbul. Géographiquement, il s'applique à l'espace qui va du détroit de Gibraltar aux deltas de la Caspienne et du midi de la mer Noire à la pointe de la mer d'Oman – soit du Maghreb à l'Asie centrale, d'est en ouest, de l'Asie Mineure à la péninsule Arabique, du nord au sud. Politiquement, il inclut le continuum à double façade maritime des pays de la Ligue arabe, qui compte vingt-deux États à dominante musulmane, l'élargit au cordon terrestre que forment la Turquie, l'Iran, l'Afghanistan, le Pakistan, quatre pays non arabes mais également musulmans. À l'exception d'Israël, qui y est englobé, et hormis les sous-ensembles que constituent la bande sahélienne ou l'archipel indonésien, qui sont laissés de côté, il correspond à la part la plus homogène du « bloc islamique » délimité par Samuel Huntington dans sa théorie du choc des civilisations – laquelle postule qu'après avoir été de nature économique jusqu'en 1789, puis idéologique jusqu'en 1989, les conflits opposent désormais de grandes entités commandées par leur fond religieux, le foyer d'embrasement de cette guerre civile planétaire étant l'islam. En se donnant pour ambition « humanitaire » la paix et la prospérité de cette zone, le Grand Moyen-Orient n'est pas non plus sans similitude avec la « finlandisation des Balkans eurasiens » que vise le projet démocrate concurrent, mais sur un territoire plus restreint qui court de la mer Noire au golfe Persique et du Nil à l'Oural, avant de remonter en fourche vers l'Ukraine et les républiques asiatiques depuis le carrefour caucasien des routes de l'énergie – indice que son auteur, Zbigniew Brzezinski, aveuglé par la nostalgie, se complaît à considérer que, dans la paix comme dans la guerre, Moscou demeure l'ennemi intangible de Washington, alors que l'allié exemplaire qu'il voit dans l'Arabie saoudite le forcera bientôt à un dessillement contrit.

Quelles que soient leurs variations – mineures, à bien y regarder –, les prétentions hégémoniques de ces trois représentations se font écho pour être nées du même vertige de l'hyperpuissance, et toutes attribuent au Machrek une fonction centrale de levier. Brute d'une grossière volonté d'efficacité, la typologie de Huntington butera sur la reluctance des sunnites et des chiites à s'enrôler au service d'un monolithe musulman dont leur conflit treize fois centenaire dément la simple supposition – de même que le bloc « slavo-orthodoxe » se verra dissous avant d'avoir émergé, puisque Moscou ne pourra empêcher ni la sécession du Kosovo de la Serbie, ni l'adhésion de la Bulgarie et de la Roumanie à l'Union européenne et à l'Alliance atlantique. L'antirussisme primaire de Brzezinski ne suffira pas, pour sa part, à rendre compte de la poussée du fondamentalisme wahhabite au Caucase – instrumentalisée, sans doute, mais ni engendrée ni souhaitée par le Kremlin. Ces théories, à destination des cercles militaro-industriels soucieux d'honorer leur vocable de *think tank*, sortiront en librairie où elles connaîtront le succès des essais qui satisfont l'imaginaire du moment. Seule la doctrine Bush entrera en pratique avec l'entrée en guerre de l'Amérique par mesure de « prévention » – autant dire à titre expérimental.

Comment forcer l'histoire en la fabriquant ? Effet du volontarisme, méfait de l'ignorance, ou les deux, les sapeurs improvisés du Grand Moyen-Orient passent outre l'héritage compliqué dont atteste sous leurs yeux une mosaïque de peuples, de langues et de cultes sans autre exemple. Dans la forme élémentaire de ce remodelage, ils subliment de fausses proximités et atténuent de vraies inimitiés qui, le plus souvent, se recoupent – ainsi de l'union forcée des Arabes levantins et des Arabes maghrébins, qui n'eurent de cesse de se distinguer, aux Turcs dont tous les Arabes n'eurent que trop longtemps à subir la domination, cette donne élémentaire étant encore sujette à d'infinies subtilités dès lors qu'on s'attache au détail des tribus, des sectes, des castes, et qu'on y inventorie les alliances, les schismes et les dettes de sang. Dans sa forme maximale, ses partisans les plus décidés retranchent ou rallongent les frontières, refondent les États, retaillent les nations, crayonnant à coups de partitions et de remembrements une cartographie qu'ils estiment idéale – et qu'un sursaut de précaution plutôt qu'un reste de prudence les invite à déclarer prospective. De ce nouveau Grand Jeu, appliqué à un continent aussi imaginaire qu'arbitraire, émergent ainsi un Grand Kurdistan rassemblant l'est de la Turquie, le nord de l'Irak et le nord de l'Iran, un Grand Liban intégrant le littoral de la Syrie, une Grande Jordanie absorbant le nord-est de l'Arabie saoudite, un Grand « Chiitistan » incluant le sud de l'Irak, les bandes côtières de l'Arabie saoudite, de l'Iran et Bahreïn, un Grand Baloutchistan réunissant le sud de l'Iran, de l'Afghanistan et du Pakistan, ainsi qu'une principauté sacrée de l'« Haram » détachant le périmètre des Lieux saints musulmans du reste de la péninsule – soit, vu de revers, l'amputation des pays dominants aux fins d'isolement ou d'enclavement et la création d'ensembles inédits, le plus souvent pourvus d'une vague identité nominale et dépourvus d'une quelconque tradition étatique. L'aveu, quant à l'intention, est exempt d'ambiguïté : il s'agit de favoriser l'éclosion d'un « chaos créateur ».

Entre réminiscence gnostique et futurisme scientifique, la mutation attendue oblitère d'autant plus aisément les chrétiens que le moyen retenu est une islamisation définitive de la région – dont est emblématique la dissolution des équilibres communautaires du Liban et de la Jordanie à travers leur expansion. De cet ensemble dangereux en apparence, l'homogénéité de surface est contrebalancée par l'accentuation des tensions confessionnelles qui le menacent de l'intérieur. Ainsi les manufacturiers du Grand Moyen-Orient consacrent la fracture entre sunnites et chiites, morcellent chacun des deux camps, les opposent en damier. Dans sa prétention à l'orthodoxie, ils divisent le sunnisme, en faisant droit aux indépendantismes des Kurdes et des Baloutches qui en présentent des formes dissidentes, mais aussi de par son assimilation à une ethnie, ces deux peuples d'origine et de langue persanes étant promis à enchâsser le sud chiite et arabe de l'Irak. Ils désagrègent pareillement, mais à rebours, le chiisme en accordant l'indépendance à sa périphérie, qui relève de l'arabité, contre son noyau persan. Enfin, pour éviter la soudure définitive du croissant qui serpente de Beyrouth à Bombay, dont les chiites ont longtemps pensé que l'avarice de l'histoire à leur endroit en retarderait indéfiniment l'émergence, mais dont l'aveuglement de l'Amérique a rendu possible la gestation, ils sectionnent cet arc par l'érection du centre sunnite de l'Irak en entité autonome et zone tampon – seule réalisation vérifiée, à ce jour, de cette forge atomique et qui suffit à la démonstration que les rêves de paix perpétuelle s'abîment plus qu'à leur tour dans le ravage de guerres sans fin.

Lorsque, en juin 2006, à la veille de la riposte israélienne contre le Hezbollah au Liban, Condoleeza Rice, secrétaire d'État américaine, requalifie le « Grand Moyen-Orient » en « Nouveau Moyen-Orient », le désastre est déjà tel qu'elle plaide la fatalité des « douleurs de l'enfantement ». Pour les chrétiens d'Irak, il y va des affres des derniers jours. Eux, avant tous les autres, ont deviné que le rappel du temps des croisades ne ferait pas que les ramener à leur balancement de crucifiés entre l'appartenance natale à leur Église et l'allégeance aux princes de fortune. L'occupation militaire, qui se veut providentielle, tourne, sans surprise, à leur calvaire – les soldats les conçoivent comme des supplétifs à embrigader, les insurgés comme des collaborateurs à châtier, les clercs de tous bords comme des égarés à convertir. Rien de neuf sous le soleil, car la nouveauté crève le firmament. Ce ne sont pas les hommes qui ont changé, mais Dieu – à tout le moins l'idée que ses ministres en propagent.

Depuis la venue des croisés au Moyen Âge, les chrétiens d'Orient ont précisément connu le braconnage spirituel auquel ont pu s'adonner, par périodes, les christianismes européens. Mais le zèle déployé par le christianisme américain pour les rallier va, au sens propre, les dérouter – en les déracinant. L'évangélisme faisant profession d'évangéliser, les aumôniers embarqués à bord des blindés et, à leur suite, les missionnaires de plus de soixante-dix dénominations, ainsi que les prédicateurs d'une petite centaine d'organisations œuvrant sous couvert d'action humanitaire, se lancent dans un prosélytisme qui, là comme ailleurs, s'exerce envers les religions du cru sans négliger pour autant les chrétientés historiques – la Russie orthodoxe, le Brésil catholique, l'Allemagne luthérienne ne comptent plus leurs *Born Again*. Les nouveaux apôtres de la régénération proposent ainsi aux assyro-chaldéens de rencontrer le Christ – sans doute un inconnu, en dépit de leur fierté à perpétuer sa langue maternelle –, de découvrir la vérité des Écritures – qui ont certainement traversé par elles-mêmes les mers – et de s'émanciper de traditions, au mieux folkloriques, qui ne peuvent que brouiller une relation spontanée à l'Évangile – que valent en effet deux mille ans de vie liturgique au regard de l'installation d'une *hot line* avec le Ciel ? De là où pleuvent les bombes se déversent aussi les prodiges. Les offensives militaire et missionnaire se nourrissent l'une l'autre, accablent le dénuement du christianisme oriental et le déportent vers cet Occident dont les arsenaux et les banques se confondent avec les cathédrales – où Dieu est américain.

Ce qu'entendent violemment réfuter les musulmans d'Irak. Comme partout, au Levant et ailleurs, la fièvre du fondamentalisme a atteint chez eux un degré paroxystique – l'islamisme aussi dispose de ses missionnaires zélés, quoique plus fanatiques que dévots, et toujours prompts à s'entretuer au nom de leurs sectarismes contrariés ou sur ordre de leurs mandants, les émirs du Golfe et les ayatollahs de Perse qui les inondent de la même manne des pétrodollars. Pour l'Arabie saoudite et l'Iran, l'Irak représente le nouveau champ de bataille à ciel ouvert de la guerre souterraine qui les oppose depuis la révolution de 1979 et qui a tourné au conflit classique dès 1980, lorsque Saddam Hussein s'est fait le héraut et le mercenaire de l'alliance des mondes sunnite et occidental contre le régime des mollahs, au prétexte d'une cause hétéroclite mêlant arabité, laïcité, droits de l'homme et routes du pétrole – huit années de tranchées sous un déluge d'acier pour un million de morts en une sorte de Verdun des déserts. Le raïs de Bagdad est convaincu de recommencer l'épopée de Qadisiyyah qui, tout juste après la mort du Prophète, marqua la première victoire militaire des Arabes musulmans sur les Perses zoroastriens et leurs alliés chrétiens, les Arméniens – quitte à recourir criminellement aux gaz là où s'affrontaient jadis chevaux et éléphants. En meilleur politique qu'il est, le Guide suprême de Téhéran voit dans ce conflit, qu'il ne cessera de qualifier d'« imposé », mais aussi de « don divin », la forge d'une nation et d'une république dont l'esprit de sacrifice soulèvera les peuples – moderne, la révolution iranienne intègre ainsi à son modèle théocratique l'argumentaire théomorphe de 1793 et la divinisation du Salut public légitimant la dictature de la guerre et de la terreur. Gagnée par le calife Omar, Qadisiyyah sera perdue par Saddam Hussein, vite lâché par le roi Fahd et les émirs de la péninsule qui échoueront à monnayer un rapide cessez-le-feu auprès de l'imam Khomeyni. L'affrontement entre sunnites et chiites sera dès lors global. Les pèlerinages sanglants à La Mecque de 1980, 1981 et 1987, les attentats de Koweït en 1983, les assassinats à Kaboul, en 1998, de diplomates iraniens au nom d'Al-Qaïda, les batailles rangées à Bagdad en 2003, à Beyrouth et Tripoli en 2005, aboutiront, en faux point d'orgue, à la pendaison rituelle de Saddam Hussein en 2006 – il échappa sans doute à l'autorité américaine d'occupation que le tribunal d'exception chargé de le juger et qu'elle avait voulu irakien avait fixé la date de l'exécution le jour où les sunnites devaient célébrer l'Aïd-al-Adah, cette fête de la soumission où l'on égorge un mouton en acte de propitiation, mais, à l'aube fatidique, devant le gibet, l'autocrate déchu ressassait en marmonnant des mots de malédiction à l'encontre des « mages perses » pour couvrir le murmure de ses bourreaux, tous membres de l'Armée du Mahdi, égrenant la litanie des bienheureux chiites persécutés.

Cet excès de postures symboliques, à donner la nausée, recoupe un réel aplomb géopolitique qui explique l'instabilité congénitale de l'Irak. Sacré, le Sud l'est pour les chiites en raison des sanctuaires de leur martyrologie qu'il abrite. Le mausolée d'Ali à Nadjaf, le mausolée d'Hussein à Karbala, viennent immédiatement après La Mecque et Médine comme lieux de pèlerinage – le cinquième rang étant occupé par le mausolée de Fatima à Qom, loin devant Al-Aqsa à Jérusalem. Ils consignent la mémoire des assassinats du gendre et du petit-fils du Prophète, les premier et troisième imams de la *Shi'a*, spoliés par les Omeyyades, les tenants initiaux de la *Sunna*, après la conquête musulmane de cette ceinture traditionnelle de la Perse – immédiatement renommée Irak-al-Arabi et dotée, avec la fondation tout aussi instantanée de Bassora, d'un verrou maritime permettant de disputer le Golfe. La zone a toujours été frontière, formant un sas déjà infranchissable pour l'Empire romain, puis l'Empire byzantin dont l'expansion s'arrêta toujours à hauteur de Kirkouk – longtemps un carrefour des invasions et qui est aujourd'hui convoitée pour ses réserves pétrolières. L'Empire ottoman, sunnite par obligation, ne dépassera cette ligne de démarcation qu'au prix de guerres et de concessions le forçant à reconnaître l'influence de l'Empire safavide, chiite par conversion, sur la région – ligne à laquelle se cantonnera la politique américaine de pacification, vite repliée au Nord et qui barre le regain d'ottomanisme que manifeste la Turquie, ses ambitions sur place, généralement diplomatiques et parfois militaires, se compliquant du foyer séparatiste qu'y ont constitué les Kurdes. Cette frontière est devenue définitivement religieuse avec la supériorité démographique que les chiites ont acquise à partir des temps modernes. Majoritaires mais rebelles, ils auront été traités en minoritaires par les Britanniques qui, du temps de leur mandat, auront favorisé les sunnites avant de leur abandonner le pouvoir au moment de l'indépendance – démonstration renouvelée du talent inégalé de Londres à attiser les brasiers communautaires afin de mieux régner dans l'instant et se faire rappeler comme pompier par la suite.

L'Irak est ainsi le théâtre naturel de la contestation multiséculaire des chiites vis-à-vis des sunnites – qui, de successorale, s'est avérée dogmatique et spirituelle. Une désappropriation originelle, des Lieux saints menacés, des frères opprimés au cœur d'un pays livré au chaos : Téhéran ne peut rêver meilleure justification à sa revanche intrusive sur l'agresseur – si ce n'est, plus prosaïquement, la jonction que l'Irak revenu au chiisme lui permet d'établir avec le Hezbollah, son vassal libanais, via la Syrie alaouite, également son affiliée. La tolérance de mise que professe la République islamique à l'égard des chrétiens, contrastant à tout le moins avec l'intolérance absolue de la monarchie saoudienne, laisserait espérer un répit. Elle ne fera pas école chez les chiites irakiens qui reprochent aux assyro-chaldéens leur passivité face au despotisme

– et les jugent assez indésirables pour les pousser au départ.

Les salafistes, eux, n'ont pas attendu l'intervention des États-Unis pour armer leur propre prosélytisme, qui, dans sa radicalité, ne fait pas un principe de la liberté de conscience, admet la conversion forcée et indexe l'insoumission politique à l'apostasie religieuse. Tout à leur application des purifications rituelles au corps social, en vertu d'un littéralisme qui leur sert de méthode à la fois exégétique et spéculative, ils guettent chez les chrétiens le moindre semblant d'écart, ou supposé tel, pour agiter la suspicion des foules à leur encontre. Au sein des masses populaires, l'occupation américaine suffit à ranimer le litige en loyauté qu'a causé, chaque fois qu'elle s'est produite, l'irruption d'une puissance occidentale, et qui s'est chaque fois soldé, après coup, par une vague de persécutions contre les chrétiens – sans doute en signe des autorité et dignité recouvrées de leur protecteur. Cette fois, les islamistes ne peuvent s'en satisfaire. Pour eux, les chrétiens sont de trop en tant que leur simple présence freine le progrès de l'intolérance – en ce qu'elle fait obstacle à la conversion des musulmans ordinaires qu'il faut persuader de l'intransigeance de l'Ineffable dont le quatre-vingt-et-unième nom, sur les cent-moins-un que dénombrent les oulémas, est le Vengeur.

La rhétorique eschatologique dont les évangéliques lestent l'idéologie néoconservatrice va leur permettre d'amorcer les feux de l'enfer. La théorie de la Dispensation, familière à des millions de baptistes, dispose que le millenium, le règne des Justes auprès du Christ, a pour condition le retour de tous les Juifs en Israël – mais avec l'impératif de leur massacre dans le Temple reconstruit. Ce prophétisme sioniste improvisé se révèle à l'examen un authentique antisémitisme retourné en philosémitisme d'occasion – en 2006, fort d'une confidence céleste, le *televangelist* Pat Robertson déclare que l'attaque cérébrale qui vient de frapper Ariel Sharon est une punition divine pour le retrait de Gaza. Comment une telle instrumentalisation du conflit israélo-palestinien pourrait-elle aller sans éveiller la défiance même de l'État hébreu ? C'est le cas. Les islamistes sunnites n'en ont cure. Ils ne sauraient manquer une telle occasion de presser la course à leur propre *Lebensraum* – lequel, pour autant, se passait jusque-là de prétexte millénariste.

Purifier l'Irak des chrétiens revient à éliminer une « cinquième colonne » à la solde de l'envahisseur et de son pire allié, qui veulent la destruction de l'islam. C'est aussi expurger les musulmans des ultimes relents des messianismes séculiers – quoiqu'au profit d'un modèle darwiniste social qui n'est pas sans rappeler ces derniers. Aussi n'est-il plus qu'une façon d'être arabe, qui est d'être musulman, et les chrétiens qui refusent de se convertir sont-ils des traîtres – prédestinés à l'être, à le devenir et à le rester, ainsi que l'induit le Coran qui les accuse d'être originellement des « falsificateurs » de la Parole divine. Pris entre les feux croisés de ces propagandes antinomiques, arabes par la culture aux yeux des Occidentaux, occidentaux par le culte aux yeux des musulmans, les chrétiens d'Irak, et, avec eux, tous les chrétiens orientaux, butent sur le sentiment galopant d'extranéité auquel les accule la mondialisation et que portent à incandescence les nouvelles religions globales qui les dépossèdent de leur être et raison d'être historique – dépouillement que les possédés du djihad vont mener à terme en faisant d'eux les boucs émissaires de la terreur qu'ils dispensent.

L'élan évangélique en Irak, de son côté, a vécu. L'armée américaine elle-même a renoncé à assurer l'impossible sécurité des prêcheurs venus de la *Bible Belt* pour devenir les trophées de francs-tireurs arborant des kalaches aux crosses engravées de sourates. Les derniers d'entre eux se trouvent forcés d'abandonner les quelques centres missionnaires qui n'ont pas été incendiés aux soins des autochtones convertis. L'heure est au repli pour les chrétiens occidentaux – et, pour les chrétiens orientaux, à la débâcle. Les assyro-chaldéens poursuivent à travers le pays une fuite qui les mène irrésistiblement aux portes de l'exode. Expulsés du sud par les chiites qui se souviennent qu'ils furent proches du pouvoir sunnite, chassés du centre par les sunnites qui, comme sortis de l'amnésie, redécouvrent qu'ils ne sont pas musulmans, ils gagnent le nord, associé dans leur mémoire aux persécutions des Kurdes qui, pour mériter de la communauté internationale, leur offrent une apparence de refuge à tous risques et périls au fur et à mesure que s'éloignent casernes, bivouacs et guérites.

C'est un peu plus bas, autour du Tigre, dans la plaine que domine l'antique Ninive, jadis orgueilleuse capitale de l'Empire assyrien, désormais faubourg industriel de Mossoul, que l'administration Bush projette, en 2007, de rassembler les chrétiens sur un même territoire autonome – en un bantoustan surmonté d'une croix aussi commode à garder qu'aisé à détruire, asile illusoire dans l'instant, sûr charnier le lendemain. Je l'avais écrit alors et me désole aujourd'hui de l'avoir écrit à raison, par pur raisonnement, en conjecturant ce qui, plus qu'un pressentiment et moins qu'une prescience, relevait de l'habitude d'avoir trop appris et réappris qu'en Orient le pire est toujours certain. Que le projet ait avorté n'a pas empêché le collet de se refermer. Les chrétiens restés à cheval entre la plaine de Ninive et le pays kurde sont piégés. De même que le sont les assyriens, chaldéens, syriaques, arméniens, grecs qui ont préféré la misère des camps de réfugiés du côté turc de la frontière, dans l'attente d'un quelconque visa pour n'importe quel ailleurs – ouvrant ainsi la voie aux flots à venir de leurs frères syriens.

Qui les en blâmera ? Faut-il dresser l'inventaire des chantages, rapts, viols, meurtres, razzias et attentats qui font alors et continuent à faire depuis leur quotidien ? Tous les Irakiens souffrent, mais la certitude de l'absence de représailles désigne les chrétiens comme victimes expiatoires de tous les maux de la guerre civile. Ce que va contresigner, levant l'ultime tabou, la *fatwa* de la branche locale d'Al-Qaïda, l'État islamique en Irak, rendue publique le 3 novembre 2010 : « Les centres, organisations, institutions, dirigeants et fidèles chrétiens sont des cibles légitimes pour les moudjahidines. » Soulignent la métamorphose en cours ses circonstances mêmes qui ne sont pas nationales, mais internationales – l'anathème survient à l'expiration de l'ultimatum adressé à l'Église copte d'Égypte de libérer deux jeunes filles supposément converties à l'islam et prétendument retenues prisonnières dans un monastère. Sa mise à effet est sans retard

– le carnage précurseur, au cœur de Bagdad et en pleine messe, de la cathédrale syriaque-catholique, le 31 octobre, est suivi, les 9 et 10 novembre, d'attaques au mortier contre le quartier traditionnellement assyrien de Dora. Le panarabisme a voulu diluer l'islam, le panislamisme élimine le christianisme. Bush a voulu territorialiser la guerre globale contre le terrorisme en envahissant l'Irak, Ben Laden la reglobalise à partir de la base en Irak que l'invasion lui a acquise. Les chrétiens d'Orient dans leur ensemble ne sont pas les alliés de l'ennemi, ils *sont* l'ennemi. Ils n'ont plus à être tenus en otages, mais soumis au carnage et changés en cadavres.

Il n'y va pas que de la disparition d'un monde, mais d'une annulation de l'histoire. Au regard de l'étendue géographique et de l'épaisseur culturelle, la seule comparaison qu'appelle le projet américain du Grand Moyen-Orient n'est pas celle avec l'empire d'Alexandre, les Empires romain, byzantin ou ottoman, mais avec le califat abbasside qui couvrit jadis de la Transoxiane à l'Andalousie – et dont l'âge d'or est régulièrement convoqué par les salafistes en vue d'une improbable restauration. Or ce fut à Bagdad, sous ce califat, que la civilisation musulmane prit son essor dans une assomption de l'Antiquité à laquelle contribuèrent, et plus, les savants syriaques et assyriens. Mais ce fut aussi à

Bagdad, sous ce califat, que la rivalité entre sunnites et chiites fut un temps suspendue avant de s'imposer comme irrémédiable. L'islamisme néantise ainsi son présent en éradiquant son passé là où il croit ressusciter l'un par l'autre. Toujours à Bagdad, mais en décembre 2013, à la veille de Noël, à deux pas du marché populaire surnommé le souk des Assyriens, un attentat commis par les sunnites contre les chiites a fait des dizaines de morts, en majorité des chaldéens qui s'étaient réunis autour de l'une des dernières chapelles de quartier dans la capitale d'un Irak devenu le fantôme de lui-même – pays où les frères ennemis de l'islam poursuivent inlassablement leur comptabilité d'un sang dont les chrétiens acquittent le prix, et ce, par deux fois.

Ce cycle de vengeance n'aura pas fini qu'il n'y aura plus un chrétien en Irak – ni à l'entour. En quelques années, Da'ech, selon l'acronyme de l'État islamique d'Irak, devenu État islamique en Irak et au Levant, a levé une armée salafiste, rallié les soldats perdus de Saddam Hussein, essaimé en Syrie, avant de lancer, au début de l'été 2014, une offensive contre Bagdad. Le Premier ministre al-Maliki, islamiste chiite décrit dans les rapports des services comme « sanguinaire, sectaire et corrompu », a répondu en appelant à la mobilisation générale – à laquelle les Kurdes, séparatistes, ont procédé de leur côté. Washington a promis son assistance logistique tout en écartant la possibilité d'une nouvelle intervention militaire. Téhéran a proposé aux États-Unis de s'entremettre tout en postant ses troupes à la frontière. Ryad a fait de même. Moscou a dépêché, sous forme de don, quelques avions de chasse. Paris, Londres, Berlin ont protesté. Le 29 juin, Da'ech a proclamé la restauration du califat. Une décennie après l'intervention américaine, les cartes ont été une nouvelle fois rebattues et redistribuées à l'identique ou presque – sauf pour les plus faibles qui s'en trouvent encore plus vulnérables et démunis. Tout en descendant vers le centre du pays, Da'ech a également progressé au nord vers Qaraqosh, le dernier bastion chrétien de la région, jusque-là épargné par la guerre civile, cité-refuge peuplée de syriaques catholiques qui ont dû prendre à nouveau la fuite, cette fois sous la protection des peshmergas kurdes pressés de stopper l'avancée djihadiste et de cadenasser leurs propres positions. Par sa situation, le couvent dominicain de la ville est devenu un enjeu de cette guérilla urbaine. La collection irremplaçable de manuscrits savants de l'époque fatimide qu'il abrite est livrée, au moment où je clos cet essai, aux échanges de tirs et d'obus – mais devrait-on s'étonner que la tourmente expose aux flammes ces codex qui, calligraphiés par des chrétiens et des musulmans, ont préfiguré treize siècles d'une vie qui, sans être heureuse, était néanmoins commune ?

L'Orient est l'espace où bourreaux et victimes permutent dans le temps au point que tout jugement instantané, lorsqu'on s'autorise à couper dans la séquence, s'expose à l'iniquité, alors qu'à l'inverse vaut l'injustice avec laquelle je semble traiter les auteurs de ce drame – seule compte ici leur conjonction à un moment donné. Ce n'est pas mon propos qui est mécanique, c'est le resserrement de l'étau qu'il décrit. Le premier conflit à résonance planétaire après la fin du communisme a vu se confronter les christianismes et s'affronter les islams par-delà l'opposition en apparence frontale du monde occidental et du monde musulman, aucun de ces deux camps supposés n'étant sorti de ses ambiguïtés fondamentales quant à la guerre et la paix, mais plus encore quant à lui-même. Le silence dans lequel les chrétiens irakiens s'étaient enfouis, comme ils l'avaient fait hier et croyaient pouvoir le faire demain, en a été fracassé. À s'être rendus inaudibles, ils pensaient être devenus invisibles, mais ils se sont révélés transparents, happés par l'insignifiance et, à la fin, comptés pour rien – sans qu'il y ait là une once de blâme : les autres stratégies de résistance qu'ont adoptées leurs frères du Levant n'ont pas davantage tenu. Ils sont désormais figés dans ce temps d'arrêt commun aux proies et aux meutes avant la fuite ou l'hallali.

La Mésopotamie aura été le pays de la promesse originelle faite à Abraham d'une descendance innombrable, tels les grains de sable du désert, et restera comme le premier pays perdu, désertifié, de l'Orient chrétien – que l'Église soit proclamée éternelle n'empêche pas que meurent des Églises. Alors que George W. Bush s'est retiré, qu'Oussama Ben Laden a été abattu, que Barack Obama a tâché d'apaiser le monde musulman sans y réussir, que les révolutions arabes sont advenues avant d'avorter, et que Al-Qaïda est devenue une franchise au Sahara, les assyriens, les syriaques, les chaldéens continuent d'être mis à mort pour la seule raison de leur baptême. Le silence n'est plus le leur, mais le nôtre – dans le brouhaha de nos compassions sélectives. S'il fallait le combler, ce serait par une psalmodie et il faudrait l'aller chercher dans le Livre de Daniel, le testimonial de l'exil de Babylone, non pas l'épisode de la fosse aux lions, mais le cantique des trois enfants, non pas dans la version courte de la Bible hébraïque ou de la Vulgate latine, mais dans la version longue de la Septante grecque et plus encore de la Peshitta, la Bible en syriaque – la langue du christianisme sémitique et de dizaines de Pères et

Docteurs de l'Église dont l'alphabet a servi à former l'alphabet arabe sans lequel il n'y aurait pas eu de transcription du Coran et qui dérive elle-même d'une autre langue renvoyant aux premières civilisations de l'écriture, l'araméen, qui fut pendant un millénaire et demi véhiculaire dans tout l'Orient, native dans l'Empire assyrien, administrative dans l'Empire perse, usuelle de la Cappadoce à l'Égypte, quotidienne pour les Juifs du Second Temple – dont les apôtres – et idiomatique pour le Talmud.

La prophétie de Daniel raconte comment Ananias, Azarias et Misaël, que la tradition chaldéenne nomme Shadrach, Meshach et Abednego, sont mis à l'épreuve par le roi Nabuchodonosor, ivre de colère qu'ils refusent de se prosterner devant l'image de sa domination (une statue en or), fou de jalousie devant la liberté dont témoigne leur foi. Pour leur prouver que la puissance terrestre et la puissance divine ne font qu'une, il ne lui reste qu'à démontrer que les résolutions de l'esprit ne résistent pas aux souffrances de la chair. Nabuchodonosor fait plonger Shadrach, Meshach et Abednego dans une fournaise – « si brûlante que les gardes qui les y mènent meurent eux-mêmes brûlés à s'en approcher ». Mais, au lieu de le supplier comme le tyran l'attend, les trois enfants entonnent alors un chant de componction : « Seigneur, nous voici plus petits que toutes les nations, nous voici aujourd'hui humiliés par toute la terre. Il n'est plus, en ce temps, ni chef, ni prince, lieu où te faire des offrandes et trouver grâce auprès de toi. Mais que te suffise une âme brisée, qu'elle soit agréée de toi comme des holocaustes de béliers, de taureaux, comme des milliers d'agneau gras. » Ils disent ainsi le mensonge qu'est la violence du sacré, et qu'il n'est d'autre vrai malheur que l'idolâtrie – ce synonyme de l'impiété dont l'indifférence à ce qui nous dépasse est une forme postmoderne.

IV

La gratuité des larmes

L'arrêt des dieux clôt l'*Iliade*, consomme la prise de Troie, dispense d'un récit qui ne serait que larmes, pour les vaincus dans l'inanité de leur misère, pour les vainqueurs dans la vanité de leur gloire, tant le destin est funeste en ce qu'à la fin il dispose de tous et de tout. Ces pleurs-là, Homère les remet à l'*Odyssée*, les fait couler, amers, des paupières aux joues d'Ulysse qui défaille alors que le citharède Démodocos se met à chanter le stratagème du cheval de bois et la dévastation de la ville. Anonyme, à l'écart, caché, le héros de la ruse et du saccage se voile la face de ses mains, à la manière, dit le poème, de la veuve éplorée qui s'élance gorge découverte dans la bataille pour étreindre dans ses bras la dépouille de son époux défunt – la prostration et la fureur s'égalent dans le chagrin. Non point le remords ou la honte, mais la crainte d'un impossible retour l'envahit, la pensée de Pénélope privée de sa mort, empêchée à jamais de laver, oindre, parfumer son cadavre et d'aller hurlante, se griffant le visage, s'arrachant les cheveux, le porter dans la terre maternelle d'Ithaque qui vit leur naissance et leur union. L'homme jeté dans le monde inconnu est pris à l'énigme du voyage qui le ramènera, ou non, à l'île natale d'où il est parti – voyage d'une vie, qui compte une journée pour tous les hommes. Après mille épreuves, Ulysse s'en reviendra chez lui. L'exil est un périple, non pas un terme – dans les épopées, les romans, en métaphysique, plus rarement dans l'histoire.

Au Proche-Orient, les expatriés, les déplacés, les réfugiés forment désormais un peuple en soi, l'un des tout premiers en nombre et le seul à pouvoir se dire pleinement mondialisé – jusque dans le fait que la communauté de malheur n'y atténue pas, mais y exacerbe les différences en différends aggravés. L'exode a débuté après 1945, continuant la guerre de tous contre tous dans cette région de laquelle on n'émigrait guère et dans laquelle les mouvements de population étaient circulaires, suivaient d'invisibles canaux éprouvés au fil des siècles, de ville en ville, de quartier à quartier, en une sorte de constellation diasporique. Entre la première guerre israélo-arabe et la dernière guerre d'Irak, le flot est devenu incessant, puis ininterrompu, emportant sur son passage une vingtaine de millions de personnes, dont les trois millions de la seule guerre de Syrie où, désormais, il s'achève en tourbillon. Nulle nation ou confession n'a été épargnée, et il serait vain de chercher dans cette catastrophe une quelconque justice, mais il n'est pas moins vrai que les chrétiens d'Orient ont payé le plus lourd tribut. L'ampleur de leur dispersion et la faiblesse de leur condition ont fait qu'ils ont fui de partout, le plus continûment et le plus massivement. Leur départ est le plus durable et leur retour le plus improbable – en désir et en droit, dans les faits surtout. Comme aspirés par un trou noir s'éteignent ainsi, révolus, l'espace, le temps, les multitudes qui étaient les leurs.

Ce n'est pas que les chrétiens d'Orient n'ont pas résisté. Pas plus qu'ils ont accepté l'irréparable. Ils ont au contraire recouru à diverses stratégies, variées, opposées même, emmêlées parfois, mais qui, pour être d'emprunt et d'occasion, se sont uniment révélées perdantes. En l'absence de politique et de force politique propres, ils ont puisé dans les modèles dominants, occidentaux ou musulmans, quitte à paraître s'y dissoudre et en être justiciables. Dans l'espoir de peser, ils ont noué localement des pactes de circonstance, souvent trahis par leurs alliés d'un jour, plus souvent encore démentis par les grandes puissances, mais toujours portés à leur débit. Afin d'assurer leur survie, ils se sont réfugiés dans un système communautaire qui s'est retourné en prison, puis en piège, leur isolement prêtant la main à leur exclusion. La richesse de leur identité, dont ils ont joué non sans quelque mimétisme équivoque, les a enfin démultipliés en tiers accessoires, chacun des camps en présence pouvant les assimiler à la figure de son adversaire le plus proche, mais frappé d'impuissance, offert en une sorte de transsubstantiation à la vengeance – ce qui les a rendus, pour tous, des hommes en trop.

En Terre sainte, cette terre de toutes les inimitiés où l'archéologie est une arme politique et Dieu un agent immobilier, les hiérarchies chrétiennes se disputent les Lieux saints du christianisme dont la topographie, à défaut d'attester sûrement l'Évangile, renseigne indiscutablement sur leur division – en pas moins de trois sièges patriarcaux, grec, arménien, latin, de onze chaires épiscopales, la plupart orientales en version orthodoxe et doublure romaine, d'une custodie ainsi que de trente-cinq dénominations dont certaines sectaires, soit Babel plutôt que la Pentecôte. Si séparés qu'ils soient les uns des autres et indifférents qu'ils puissent se montrer entre eux, les chrétiens y ont en commun de vivre sous le regard du judaïsme et de l'islam. Minoritaires dans le réduit historique où est née leur foi devenue majoritaire à l'échelle planétaire, ils ont ainsi en partage d'être traités comme des étrangers par les juifs israéliens et les musulmans palestiniens. À la différence de leurs frères qui, ailleurs, sont pris en étau, les chrétiens d'Orient sont ici saisis en tenailles.

Mieux que tous autres, les grecs-orthodoxes récapitulent cet effet de cisaillement. Pour être à la fois héritier de la communauté primitive des apôtres, dépositaire de la *koinè* de l'Évangile et gardien des sanctuaires impériaux, leur patriarcat porte la mémoire de la conjonction entre Jérusalem, Athènes et Rome, qui vit l'invention de la Croix par la mère de Constantin et l'institution du pèlerinage comme dévotion majeure – sans quoi il n'y eût pas eu de Saint-Sépulcre. Reconnu dans sa précellence par les autres hiérarchies, il rejette toutefois leurs gestes d'œcuménisme, considérant comme intruses ces nouvelles arrivées – fussent-elles là depuis le Moyen Âge, voire l'Antiquité tardive, le patriarcat arménien demeurant à ce titre son meilleur ennemi. Réservoir des fidèles de langue arabe, il conserve cependant un haut clergé hellénique dont l'indépendance garantirait depuis toujours sa survie – quitte à voir ces mêmes fidèles passer, pour cette même raison, à la sécession grecque-catholique, dite « melkite », ou à la branche latine, ou encore aux rameaux protestants. À cheval sur Israël, les Territoires palestiniens et la Jordanie, il ne bénéficie néanmoins d'aucun statut international et demeure soumis à une triple reconnaissance politique qui lui crée un permanent conflit d'allégeance. Ainsi, dépourvu de tout pouvoir, le patriarcat orthodoxe n'en est que plus une puissance. Son poids numérique fait que les édiles des bourgs palestiniens naguère majoritairement chrétiens, dont Bethléem, continuent d'être recrutés parmi les siens. Son poids foncier fait que des institutions israéliennes telles que la Grande Synagogue, la Knesset et le Beit Hanassi, la résidence présidentielle, restent locataires des terrains dont il est le propriétaire. Par ses contradictions et contrariétés sédimentées, cette communauté qui prétend non sans raisons au titre d'Église-mère, figure l'Église locale. Outre la diversité confessionnelle qu'elle a nourrie à son corps défendant, elle n'a cessé d'inspirer, à tout le moins sous la forme d'étendard, une classe intellectuelle dont le militantisme ajoute à la singularité des chrétiens de Terre sainte et à la complexité de leur engagement.

Lors de l'exode de 1948 qui scelle la partition par les armes de l'ancien territoire mandataire britannique après le rejet du plan de partage par la Ligue arabe, il n'est qu'une moitié des chrétiens qui prend le chemin du départ, pour la presque totalité des musulmans – signe d'un attentisme que transformeront en lent mais sûr effritement, en une litanie de la belligérance, les guerres de Suez en 1956, des Six Jours en 1967, de Kippour en 1973, du Liban en 1982 et 2000, ainsi que les Intifadas de 1987, de 2000, et l'opération de Gaza en 2008-2009. Leur sort va désormais être disjoint, au risque qu'ils se trouvent par deux fois écartelés face à une double impasse. Leur réunification apparaît aussi impérative qu'elle semble impossible. L'unité des Palestiniens eux-mêmes en serait la condition première. Or, elle n'est pas assurée, car, ici comme nulle part ailleurs, la religion dispose de l'identité – raison pour laquelle, je crois, les chrétiens de Terre sainte auront été les seuls des chrétiens d'Orient à tâcher de penser l'impensé de l'arabité, cette laïcité qu'elle pose en principe mais dont une simple consultation des cadastres de Jérusalem ou Hébron accuse la fiction, la force du sacré dans l'histoire ne consistant pas dans les barrières qu'il érige mais dans la faculté qu'il procure à les transformer en barricades.

De la déstabilisation générale qu'entraîne la création de l'État hébreu, à laquelle ils sont instinctivement opposés en tant qu'elle les dépossède, les chrétiens ne peuvent rationnellement exclure la montée de l'islamisme dont, dès les débuts, ils ont constaté qu'elle suivait son cours propre. Avant 1939, l'agitation religieuse qu'a provoquée l'affirmation du sionisme chez les Frères musulmans de Palestine pour qui la notion même d'*Eretz Israel* représente une atteinte intolérable au *Dar al-Islam*, n'a pas été faite pour les rassurer. Le fanatisme qu'a manifesté la visite, en 1941, du Grand Mufti al-Husseini à Hitler, et son implication dans le recrutement de Bosniaques au sein de la Waffen-SS, a eu tout pour les inquiéter – d'autant plus que leurs élites tendaient alors à opter pour les Alliés. C'est pourquoi, à partir de 1948, les chrétiens entreprennent de théoriser la question palestinienne, de la politiser en la nationalisant d'abord, en l'internationalisant ensuite, afin d'en faire une cause progressiste exemplaire – et apte, en cela, à rivaliser avec le sionisme qui a alors les faveurs de la gauche européenne.

Ce rapport frontal, de nationalisme à nationalisme, au nom du droit des peuples à l'égalité, n'aura qu'un temps au regard de l'extension de la guerre israélo-palestinienne en socle du conflit israélo-arabe, puis en pivot de l'affrontement entre l'Est et l'Ouest. Entre 1948 et 1980, les victoires militaires de Tsahal s'enchaînent tandis que se décompose le panarabisme – avec Septembre noir, l'écrasement des fedayins par la monarchie hachémite, pour stigmate. Les chrétiens ne s'en veulent que plus activistes. Leur présence et leur influence grandissent au sein du comité directeur de l'Organisation de libération de la Palestine. Ce sont eux qui se font les champions de l'intransigeance. Ce sont eux qui forment les fronts du refus, extrémistes et marxisants, celui, « populaire » et prosoviétique, de Georges Habache, celui, « démocratique » et prochinois, de Nayef Hawatmeh, les deux hommes ayant en commun leur origine grecque-orthodoxe et leur abandon à une dérive terroriste qu'instrumentaliseront au Caire, à Damas ou Bagdad, les régimes socialistes arabes – tout en les jugulant pour monnayer leurs services à d'autres fins. La stratégie de déconfessionnalisation que mènent les chrétiens aboutit ainsi à leur radicalisation politique, le mythe de la révolution mondiale dont ils se revendiquent les conduisant à l'escalade dans la violence – faisant de leur engagement sur place une échappée vers ailleurs qui viendra se fracasser sur la chute de l'URSS.

Atteintes dans leur bastion, la vieille ville hiérosolymitaine, après 1967, rattrapées ailleurs par le durcissement du conflit et sommées de partout de s'engager, les Églises embrayent, non sans quelque retard, sur cette ligne militante. L'arrestation en 1974 de l'archevêque melkite Hilarion Capucci, pour avoir introduit des armes en Cisjordanie, sert un temps de contre-feu – on retrouvera le prélat à Téhéran en 1979, célébrant la messe de Noël pour les otages de l'ambassade américaine. Les premières nominations de Palestiniens au plus haut rang des hiérarchies locales débutent dans les années 1980. Le patriarche latin Michel Sabbah, l'évêque anglican Abu El-Assal, le métropolite orthodoxe Attalah Hannah deviennent des hérauts de l'insurrection, au grand dam de leurs autorités qui, d'abord soucieuses de préserver le statut des Lieux saints, finissent par les mettre sous le boisseau. À l'orée des années 2000, ils apparaissent comme les derniers tenants du courant national, sans qu'il n'y ait plus personne, ou presque, pour tendre l'oreille à leurs discours de tonalité altermondialiste, pétris de théologie de la libération et empreints d'une lancinante nostalgie pour le temps béni des noces entre Yasser Arafat et Souha Tawil – la fille de Raymonda Tawil, l'intellectuelle palestinienne, chrétienne, orthodoxe, qui a incarné le réveil des femmes dans le monde arabe. D'une même encre, ils condamnent le sionisme chrétien, soutenu par les États-Unis, comme « une hérésie bibliciste justifiant l'apartheid », et exonèrent l'islamisme du Hamas, soutenu tour à tour par l'Arabie saoudite, les Émirats, l'Iran, comme « la mouvance pieuse de la résistance populaire ». Ce regard décalé à force de sidération accable leur incompréhension de la volte-face que leur assène l'histoire. La montée des fondamentalismes en contre-coup de l'effondrement du communisme a annulé le cadre révolutionnaire classique dans lequel les chrétiens de Terre sainte ont cru gagner leur place. Leur sortie de la religion les ramène à leur identité religieuse pour les y réduire comme jamais – le rêve naufragé de l'émancipation laisse place au cauchemar obsidional d'un éternel retour à la case départ.

L'échec de l'idée nationale tient certainement à ce que, répartis entre deux nations qui s'excluent, les chrétiens n'appartiennent vraiment à aucune d'elles – je sais le désir d'un traitement ordonné à la justice qui habite les deux camps et leurs tenants, désir survolté, exposé aux désordres de la passion, lorsque point le sentiment, puis la certitude d'être injustement traité, donc maltraité, en l'absence d'un clair parti-pris qui masquerait une partialité douteuse, mais la question chrétienne, parce que tierce, se dérobe précisément à ce dualisme manichéen. Ce n'est pas seulement que les chrétiens soient trop arabes pour les juifs en Israël et insuffisamment arabes pour les musulmans dans les Territoires. C'est qu'ils bénéficient de part et d'autre d'une citoyenneté qui ne vaut pas nationalité, inassimilables qu'ils sont aux patriotismes dominants dont le critère ultime, ni ethnique ni politique, se révèle religieux – ce qui les rend, si l'on veut, ici et là, des ressortissants des limes ou des apatrides de l'intérieur.

État démocratique, Israël garantit l'égalité des cultes devant la loi. État national, Israël n'en est pas moins, selon l'idée originelle de ses fondateurs, un pays pour les juifs réunis par leur judéité – et non pas, initialement, leur judaïsme, rabbins et sionistes ayant longtemps entretenu une relation de défiance mutuelle. La tension entre la légalité du droit et la légitimité du projet, entre la nécessité de l'intégration et le péril de la désintégration, explique l'indifférence qui a longtemps servi de doctrine à l'égard des minorités confessionnelles – dont relève un Israélien sur cinq, lequel est un Arabe musulman huit fois sur dix et un Arabe chrétien une fois sur douze. Cette neutralité de principe s'est défaite sous la constance du conflit qui l'a changée en processus de neutralisation. L'association civile n'a pas empêché la dissociation politique, pas plus que l'agrégation aux avoirs, la différentiation des devoirs. Les Arabes chrétiens d'Israël bénéficient ainsi d'un cadre de société sans égal au Proche-Orient, ils siègent à la Knesset où ils s'expriment dans leur langue, mais sont absents des postes-clés de la fonction publique, de l'université, de l'armée – où ils peuvent s'enrôler comme volontaires sans y faire carrière. Il n'est pas moins vrai que, pour marquer et gagner leur identité, ils se sont identifiés aux revendications palestiniennes, non sans les figer sous l'effet de l'éloignement. Afin de s'écarter du fondamentalisme islamique, ils se sont déportés à la lisière du spectre parlementaire en appoint fluctuant de l'extrême gauche, se cantonnant par là à un rôle protestataire. Assimilés aux Arabes musulmans dont les distinguent cependant une relative aisance et une nette sécularisation qui leur vaut la suspicion de ces derniers, ils tirent de cet ostracisme latent le sentiment d'une double condamnation à la marginalité. Effectivement tenaillés, ils incarnent ainsi la quintessence d'une inutile occidentalisation. Les chrétiens des Territoires ont beau envier leur condition, les chrétiens d'Israël pensent eux aussi à partir – et partent.

La situation des Églises est elle-même ambivalente. Là aussi, une certaine volonté de dégagement a initialement prévalu. L'État israélien a reconduit les termes du mandat britannique qui répétaient déjà les dispositions ottomanes instaurant un cloisonnement communautaire que les institutions ecclésiastiques avaient appelé de leurs vœux – et qu'elles ont désiré voir se perpétuer. Le respect de ce droit coutumier a eu pour prix un encadrement administratif et fiscal souvent défavorable, parfois vexatoire, qui relève pareillement de l'habitude en Terre sainte où le clergé provient pour beaucoup de l'étranger. Deux modifications sont néanmoins intervenues, l'une et l'autre à partir des années 1980. Que l'on évoque une réunification ou une annexion, que l'on invoque la Bible ou l'histoire, que l'on convoque le Statu quo ottoman, la loi fondamentale israélienne, la contestation catégorique palestinienne, les résolutions de l'ONU, les positions du Saint-Siège, sans oublier les dispositions variées et variables des chancelleries en ambassades ou consulats, Jérusalem est devenue une mégalopole majoritairement juive – évolutions démographiques et gains ou pertes migratoires confondus. La bataille de la pierre, qui continue ici comme ailleurs les guerres territoriales afin de rendre leur issue irrévocable, affecte les Lieux saints – incessibles parce que sacrés, importuns parce que sacrés, premier objet et dernier obstacle à tout règlement négocié en tant que symboles de l'apanage ou de l'aliénation. Les patriarcats historiques qui possèdent des pans entiers de la vieille ville se trouvent ainsi soumis à diverses pressions pour céder un patrimoine multiséculaire. Sans intervenir manifestement dans leur désignation, l'État appuie les hiérarques jugés conciliants et sanctionne les récalcitrants – la suspension de visa du Grand Sacristain arménien Karékine Kazandjian, en 1982, hostile à des cessions immobilières, a ouvert la voie au refus de reconnaître, en 2005, l'élection du patriarche grec Théophile après la déposition de son prédécesseur pour la vente frauduleuse d'immeubles à une fondation américano-israélienne. Plus inquiétante que la restriction des espaces est l'hémorragie parallèle de la population chrétienne qui, divisée par deux ces derniers cinquante ans, devrait encore diminuer de moitié à l'échéance du quart de siècle – deux Hiérosolymitains sur dix étaient alors chrétiens, deux sur cent le sont aujourd'hui. Cette disparition progressive laisse augurer d'un parc-mémorial où des fonctionnaires du culte expatriés seront chargés de distribuer les sacrements à des intermittents de la Croix fraîchement débarqués de croisières catéchétiques.

Cette perspective paraît d'autant plus réaliste que, seconde modification, le rôle charnière des partis confessionnels au sein de la démocratie israélienne et la croissance des mouvements politico-religieux de toutes sortes font plus que contrarier l'idéal de laïcité que les pionniers du sionisme, nourris à Kant, avaient placé à l'horizon de leur utopie – la seule parmi toutes celles nées au XIXe siècle à avoir traversé le XXe siècle en ce que, sans doute, elle présumait un *topos* concret. Chaque monothéisme demeurant singulier jusque dans la particularité de ses fondamentalismes, mais tous les fondamentalismes se ressemblant dans leurs effets, les extrémistes juifs considèrent inévitablement la présence chrétienne sur la terre d'Israël comme indue – en termes bibliques, comme une profanation. Réveillant l'ancien litige entre la Synagogue et l'Église, réclamant l'application du talion au regard des oppressions et exclusions du passé, passant outre l'esprit de réconciliation qui préside aujourd'hui en Europe ou aux États-Unis, des activistes radicaux se livrent depuis 1982, à la suite du défunt rabbin Kahane, à des attentats, actes de vandalisme, manifestations injurieuses, anathèmes publics et menaces de mort que concluent de rares meurtres, quoique suffisants en nombre pour entretenir un climat délétère – dont l'agitation provoquée par la visite du pape François en Terre sainte a montré la virulence. Réprimés par la police, poursuivis par la justice, condamnés par les intellectuels et les médias, ces actes traduisent une crise plus profonde et qui dépasse, à n'évoquer que l'assassinat de Yitzhak Rabin, la seule question chrétienne. Pour s'y limiter, il ne serait pas faux d'en inférer que plus les chrétiens d'Israël s'occidentalisent, plus la société israélienne s'orientalise, et plus ce chassé-croisé les prépare à l'exode.

Dans les Territoires palestiniens, la catastrophe est consommée. Les chrétiens y sont deux fois moins nombreux qu'en Israël, et leur diminution y est trois fois plus rapide – sur la seule décennie 2000-2010, la moitié de ceux qui avaient réussi à se maintenir sont partis. Si leur représentation reste encore significative en Cisjordanie, ils ne sont plus qu'une poignée à Gaza – où l'on compte un chrétien pour sept cents musulmans. Les circonstances les plus matérielles de la plus quotidienne des existences expliquent qu'ils fuient une réalité dont ne veulent pas moins se sauver tous ceux qui la vivent. Leur exil relève cependant de la raison politique : l'échec de ce qu'eux-mêmes nommaient la cause palestinienne est d'abord le leur – non pas qu'ils l'auraient agi, mais parce qu'ils le subissent sans plus de recours.

L'époque est révolue qui les voyait dirigeants, porte-parole, ambassadeurs, théoriciens surtout d'une organisation qui avait su capter l'attention du monde, prendre langue avec les grandes puissances et s'imposer comme l'interlocutrice de l'État hébreu – page légendaire, donc sublimée, mais qui leur avait permis de se réinventer un destin. La rivalité avec Israël était d'ailleurs mimétique, elle avait pour enjeu la modernité – la liberté, la justice, la communion et autres béatitudes transposées au siècle. La charte ne mentionnait qu'un seul et même peuple, n'opérait aucune distinction ethnique, dessinait un espace si ouvert à toutes les confessions qu'elle omettait de les inventorier et allait jusqu'à opposer la spiritualité à la religion – le mot n'apparaissant que péjorativement pour réfuter qu'on pût en faire le synonyme de nationalité. Rien ne dit ce qu'il serait advenu d'un tel programme en cas d'instauration d'un État indépendant et s'il n'aurait pas vite périclité comme sous les autres régimes panarabes – on ne le saura jamais. Ce que l'on ne peut ignorer, en revanche, est l'inflexion de Yasser Arafat, à tout le moins dans son discours à partir de la révolution iranienne, qui pose toujours plus un signe d'égalité entre l'arabité et l'islam. On objectera la ruse manœuvrière, mais on peinera à l'appliquer à l'alliance avec un Saddam Hussein métamorphosé en défenseur de l'Oumma lors de la première guerre du Golfe. On alléguera l'anticipation clairvoyante, mais l'islamisme palestinien est alors dans les limbes et son essor dépendra d'un basculement plus général. C'est au contraire la houle des masses qui fait sauter les digues philosophiques et balaie d'autant mieux la conception chrétienne de la résistance qu'elle n'entendait y résister que par une pétition de principe – hors l'assistance du Raïs aux trois célébrations de la Nativité à Bethléem, latine le 25 décembre, orthodoxe et arménienne le 7 janvier.

Les deux composantes du peuple palestinien ne sont plus les musulmans et les chrétiens, mais une Autorité vacillante de faiblesse et un Hamas talonné par ses propres dissidences. La diversité ne se conjugue plus sur le mode de l'unité des différences, mais de la guerre intestine – à l'intersection de la descente de l'une dans l'impuissance et de l'escalade de l'autre dans le fanatisme. La charte du Hamas reconduit la destruction de l'« entité sioniste » comme objectif, requalifie la future Palestine en État islamique et redéploie la lutte palestinienne en part insécable de la foi musulmane – non sans recourir à des clichés antisémites venus d'Europe et qui n'arrivèrent dans le monde arabe qu'au

XIXe siècle par les mêmes ports qui amenaient les miracles techniques de la modernité. On pourra arguer que la pratique du Hamas est plus complexe que ses principes, mais la substitution dont il témoigne d'un terrorisme sacral au terrorisme politique, et que résument les attentats-suicides, l'inscrit dans une logique du sang dont les chrétiens ne peuvent être les martyrs – mot qu'ils entendent autrement –, mais seulement les victimes collatérales.

Ce que j'écrivais à l'automne 2007 après l'assassinat de Rami Ayyad, chrétien et libraire à Gaza – à Gaza City, au cœur de la bande de Gaza, au milieu des campements de réfugiés, sur l'emplacement du poste avancé du chemin d'Horus à partir duquel Thoutmosis, le pharaon guerrier, mena ses troupes à l'assaut de l'Asie, de la ville des Philistins où mourut le géant Samson trahi par Dalila, de la métropole impériale des Romains, porte des caravanes des lointains déserts et de la mer Rouge, qui vit un jour arriver des girafes de la lointaine Abyssinie et dont la grande horloge, sur l'agora, représentait les douze travaux d'Hercule selon Procope de Césarée, de la forteresse médiévale des Templiers dont la cathédrale allait devenir, après la reconquête musulmane, une mosquée à l'architecture gothique et qui est aujourd'hui comme une île du malheur arrimée à la Méditerranée, égarée entre Israël et l'Égypte dont le commun souci est de la reléguer, surpeuplée d'une jeunesse dont la chronique tient dans le cycle des attentats du Hamas et des représailles de Tsahal, mais aussi des luttes fratricides entre Palestiniens.

À l'aube du 7 octobre 2007, donc, près du Vieux Quartier, au coin de l'antique église byzantine de Saint-Porphyre, Ayyad est retrouvé mort face contre le bitume, criblé de balles et couvert d'estafilades. Le coup est double : le premier chrétien enlevé à Gaza est aussi le premier chrétien assassiné de Gaza – après avoir été torturé. « Rami a été tué non pas parce qu'il était chrétien, non pas par "nos" musulmans, mais par la faute de l'Occident », déclare sans plus attendre la famille, résignée à lâcher la pétition de faux irénisme qu'on attend d'elle pour s'en retourner à l'intimité de son deuil. Les dénégations s'enchaînent, toutes politiques, qui serviront d'oraison funèbre au défunt puisque, si isolée que soit Gaza, cet apparent fait divers réunit autour de son cercueil les protagonistes du drame proche-oriental. Le Hamas tonne contre les coupables, forcément issus de ces dissidents salafistes que le Qatar, qui officiellement le soutient, finance en sous-main pour s'assurer qu'il rompra les liens qu'il entretient avec l'Iran et le Hezbollah – ici comme ailleurs commande la lutte entre sunnites et chiites. Pour faire bonne mesure, le rival de l'Autorité, qui siège si loin à Ramallah, annonce que les meurtriers seront « punis sans pitié au nom de l'unité de la nation palestinienne » – oblitérant au passage que son propre Comité de la promotion de la vertu et de la prévention du vice soumet ladite unité au règne unique de la charia. De vieux imams, contrits d'assister à la disparition du monde ancien, anathématisent les criminels et escortent le cercueil du défunt jusqu'au cimetière orthodoxe. Or, de l'orthodoxie, Rami est sorti quelques années plus tôt en devenant évangélique et en ouvrant une librairie, succursale de la Holy Bible Society – se désignant ainsi aux tenailles. Sa boutique n'a pas tardé à être dynamitée par les activistes d'un groupuscule nommé les « Glaives vertueux de l'islam », sans que l'on puisse déterminer la part de folie purificatrice et la part de racket ordinaire dans l'alliance, devenue habituelle, entre l'extrémisme et le banditisme, qui, tissée dans les prisons, vérifiée l'arme au poing, estompe peu à peu la frontière entre l'idéologie et le crime. Ce sont les mêmes qui, au moment où ils ont enlevé Rami Ayyad, l'ont fait téléphoner à son épouse, Pauline, pour la prévenir : « Je ne reviendrai pas avant longtemps » – autant dire jamais, autant dire l'exil ou l'abattoir. Ce que confirme le cheik Abou Saqer, chef de Jihadia Salafiya, qui, après avoir démenti toute implication dans le meurtre, prévient néanmoins que « les chrétiens, s'ils veulent vivre en paix dans Gaza, doivent renoncer à vouloir convertir les musulmans grâce à l'argent américain, et être prêts à adopter la loi coranique que le Hamas doit imposer sans tarder s'il ne veut pas perdre le pouvoir ». Ce que constate, en Israël, le *Jerusalem Post* qui, rapportant brièvement la nouvelle, en déduit que la réouverture de la frontière se traduirait certainement par un départ massif des chrétiens. Pour avoir été recouvert par le silence, ce meurtre qui n'a fait l'objet ni d'une commission d'enquête ni d'une campagne de protestation à Gaza et, au-delà, parmi les organisations humanitaires ou dans les institutions internationales, redouble ainsi un exode silencieux aux conséquences néanmoins assourdissantes.

C'est une autre mutation, mais également d'ordre religieux, qui a décidé Israël à infléchir sa politique à l'égard des chrétiens et de créer les conditions, à l'inverse de l'éclatement palestinien, d'un possible rapprochement. L'afflux d'un million d'émigrés de l'ancien bloc de l'Est – qui ne sont pas juifs pour un tiers d'entre eux, selon les estimations du ministère des Cultes – a modifié la composition du christianisme de Terre sainte en suscitant la multiplication de communautés hébréophones – qui participaient jusque-là d'un romantisme des sources ne rassemblant que quelques initiés. En février 2014, sur la proposition du parti d'ultra-droite Israël Beteynou, dirigé par Avigdor Lieberman, lui-même originaire de Moldavie, une loi distingue pour la première fois entre les Arabes israéliens, dissociant les chrétiens et les musulmans au sein des commissions parlementaires. En avril de la même année, mesure également sans précédent, les chrétiens sont appelés à effectuer leur service militaire par le ministère des Armées en attendant d'être placés sous le régime de la conscription. Le but revendiqué est de regrouper, à terme, les chrétiens en une nationalité détachée de l'arabité – à l'instar des druzes qui ont depuis longtemps accepté ce pacte au prix d'une césure avec les autres minoritaires qui les assimile à des supplétifs. Qu'en feront-ils ? Leurs députés ont dénoncé une atteinte intolérable à l'unité du peuple palestinien, tandis que leurs prélats ont salué un élargissement positif de la citoyenneté israélienne – signe d'une division inédite. Confession contre peuple : cette logique n'en signifie pas moins la réduction des chrétiens à une entité qui ne peut exister que rangée dans un camp, au point de se trouver demain face au choix de prendre les armes contre ceux avec qui elle se considérait hier comme liée par le destin – très précisément ce qui s'est passé au Liban.

Longtemps le pays du Cèdre fut un pays fait pour les chrétiens et par les chrétiens à qui la montagne procurait un sentiment d'asile, la mer un sentiment de liberté, la grappe des villes qui s'étalait dans l'entre-deux et où ils se pressaient, un sentiment de majorité – toutes choses qui en faisaient une exception au sein d'un Orient pourtant terre de tous les contre-exemples. Longtemps ce fut le pays des maronites qui, antiochiens d'origine, syriaques de tradition, mercenaires de métier, servirent d'auxiliaires à l'inquisition byzantine, quoiqu'eux-mêmes ouverts aux vents de l'hérésie, et fuirent la Syrie après la conquête islamique pour venir dans ce réduit où ils se réinventèrent les descendants des Phéniciens, s'allièrent avec les Francs lors des croisades, s'unirent à Rome en alléguant leur attachement constant à la papauté, arguèrent de leur cousinage avec saint Louis auprès des ambassadeurs de Louis XIV, et virent dans le mandat de la IIIe République au Levant la confirmation de leur mission à européaniser un monde arabisé qu'ils peinaient à concevoir comme le leur – exception dans l'exception, l'Église maronite est la seule des

Églises orientales à n'avoir pas de pendant orthodoxe, et la plus latinisée de toutes.

Longtemps ce fut un pays d'élection pour la France, catholique ou laïque, qui en fit le moyen et rêva d'en faire le moyeu de son action au Proche-Orient – au point, ultime exception, d'y avoir secondé une démocratie qui a pour régime d'État et religion d'État le confessionnalisme, les pouvoirs et les charges étant confiés, à proportion de leur nombre, aux cinq communautés principales parmi les dix-huit recensées qui forment, sur cet étroit territoire, un abrégé des dissidences du christianisme et de l'islam à travers les âges.

À l'aune de la vie politique, ce temps long ne dura pourtant que trente-deux ans, de la proclamation de l'indépendance en 1943 au déclenchement de la guerre civile en 1975, cette brièveté étant supplantée, dans les représentations, par la réalité et le mythe d'une pluralité harmonieuse que l'intelligence, l'urbanité et l'abondance rendaient alors plutôt douce à vivre en masquant l'emprise des clans et des oligarchies. Ce temps, surtout, est révolu. Aujourd'hui, le Liban n'a plus de chrétien qu'une minorité angoissée, de maronite qu'une marge défaite et divisée, de démocratique qu'une constitution périmée – et de protection française qu'une vague protestation d'amitié conjuguée au passé décomposé, cette sortie sur la pointe des pieds redoublant le péché originel de Paris.

C'est la France qui a armé le Mont-Liban, ce microcosme de l'Orient, en pointe avancée de l'Occident. Lorsque, en 1860, un contingent militaire débarque dans le Chouf où les druzes massacrent les maronites, Napoléon III déclare que la finalité de l'intervention est « humanitaire » – conférant au mot son acception contemporaine alors que, forgé par Lamartine pour désigner l'ère de pur altruisme à laquelle préparerait l'esprit romantique, il a été répandu par Balzac pour brocarder la caricature de philanthropie dont se pique la bourgeoisie. Précurseur des *French Doctors* et des néoconservateurs américains, l'empereur-citoyen échafaude les rudiments d'un droit d'ingérence qui, dans son cas, se justifie sans ambages de l'entreprise coloniale qu'il mène en Algérie et le conduira jusqu'au Mexique ou en Chine au nom des valeurs de progrès qui unissent indissolublement la pacification des peuples et la liberté du commerce. Les horreurs du Chouf constituent précisément un épisode du drame plus vaste de la modernisation en marche : l'ascendant culturel qu'ont pris les maronites sur les émirs druzes a encouragé ces derniers à s'insurger contre l'Empire ottoman, voire à embrasser le christianisme, à l'instar de Béchir II dans sa prison de Kadiköy, l'ancienne Chalcédoine, devenue une banlieue d'Istanbul. La riposte de la Sublime Porte a consisté à diviser l'adversaire en scindant la province rebelle en une entité maronite au nord et druze au sud, en opposant leurs deux préfets, les caïmans, nommés chacun d'après sa religion, et en laissant à l'empilement inextricable des populations le temps et le soin de contredire une partition arbitraire dont le but premier et atteint aura été de distiller le poison du communautarisme – la même méthode prévaudra dans les Balkans. Au lieu d'y remédier, l'expédition militaire française fortifie la confusion entre les ordres administratif et confessionnel et la change en maladie chronique, annonciatrice de désordres à répétition. Mandatée par la Société des Nations, la République des Clemenceau, Briand et Poincaré, loin de renier le legs du Second Empire, se plie au projet du patriarcat maronite et crée un Grand Liban en élargissant le sanctuaire de la Montagne au littoral méditerranéen et à la plaine de la Bekaa où abondent grecs-orthodoxes, sunnites et chiites, tout en coupant cet ensemble de la Syrie où les uns et les autres entretiennent fratries et fidélités. C'est à l'engagement chimérique de garantir la paix civile au sein de cette mosaïque au mortier funeste que renoncera définitivement François Mitterrand après l'assassinat de l'ambassadeur Louis Delamare et la mort de cinquante-huit chasseurs parachutistes dans l'attentat du Drakkar.

Que le Liban existe est certain, de même que sont assurés les traits distincts d'un peuple et d'une identité, d'une culture et d'une mentalité qui ont engendré un indéniable art de vivre, retourné depuis en discipline de survie. Mais, si forte que soit l'aspiration des Libanais à faire valoir leur enracinement immémorial dans le « verger aux odeurs de myrrhe et de benjoin » qu'évoque la Bible, leur territoire a toujours été un échangeur migratoire, à la fois rade et embarcadère avant que l'accueil ne le cède à l'exode. Lieu de refuge, le Liban le fut jadis pour les maronites s'échappant de Byzance, pour les druzes se soustrayant au chiisme, il l'a été naguère pour les Arméniens rescapés du génocide et le devient pour les Palestiniens après 1948. La proximité géographique n'est pas la seule à en décider, mais aussi le mouvement panarabe qui insiste pour que la « Suisse du Moyen-Orient » acquitte son écot en espèces et en nature. Or, à Beyrouth, les maronites, qui détiennent le pouvoir de droit et le tiennent de fait, professent au contraire une idéologie nationaliste et pro-occidentale, incarnée à l'extrême par les Phalanges de Pierre Gemayel, parti dont les militants sont des miliciens et qui s'inspire sans détour du franquisme. Le contrôle de l'État et de l'armée que leur réserve la Constitution leur permet, croient-ils, d'éluder cette solidarité qui impose une coexistence – à défaut d'une convivialité – qu'ils considèrent comme menaçante, si ce n'est mortifère, confortant par là leur complexe obsidional qui les portera *in fine* à y voir une occasion providentielle de régler leur différend ancestral avec le monde arabo-musulman dont les massacres du Chouf portent l'empreinte traumatique. C'est le début de l'engrenage. Suspectés, non pour rien, de vouloir établir le pays en base arrière de leur lutte, bientôt accusés de chercher à l'annexer, les Palestiniens sont parqués dans des camps qu'ils transforment en foyers de subversion – financés par l'Union soviétique après que celle-ci aura retiré son soutien à Israël, entre mille et une conséquences de l'affaire de Suez. L'insurrection couve lorsque le président Camille Chamoun refuse à la rue d'agréger le Liban à la République arabe unie que viennent de promulguer l'Égyptien Nasser et le Syrien Kassem. Elle éclate les armes à la main en 1958, mais la guérilla qui embrase la Montagne est réprimée par les phalangistes qu'appuient quatorze mille marines dépêchés par Washington.

La contre-révolution, dans tous les sens du terme, a momentanément gagné

La crise a révélé un clivage qui ne recoupe pas la division attendue entre chrétiens et musulmans, mais la traverse : les grecs-orthodoxes partagent le même progressisme que les sunnites et les druzes, ils regrettent comme eux le divorce d'avec la Syrie et se considèrent pareillement comme liés aux Palestiniens. Les élites chiites tendent à les rejoindre, tandis que la communauté s'émancipe peu à peu d'une féodalité asphyxiante sous le réveil religieux auquel œuvrent des oulémas que leur éducation au messianisme rend sensibles aux pauvres et attentifs à la puissance mobilisatrice des luttes sociales – originaire de Tyr, Moussa Sadr, le neveu du Grand Ayatollah de Nadjaf Mohammed Bakr al-Sadr qui finira supplicié par Saddam Hussein, rentre alors d'Iran où il a étudié les sciences théologiques à Qom et politiques à Téhéran pour se mettre à l'école de Mgr Haddad, le prélat grec-catholique surnommé l'« évêque rouge ». Placés face au dilemme de la neutralité ou du compromis, qu'ils interprètent comme l'alternative entre la reddition et la reconquête, les maronites, isolés à l'intérieur, vont se tourner vers l'extérieur, s'enquérir de possibles alliés parmi les proches voisins, et n'en trouver qu'un, en l'occurrence

Israël – rapprochement qui tiendra de la combinaison d'inimitiés, mais qu'ils sublimeront en allant chercher dans l'ultrasionisme belliciste de Vladimir Jabotinsky une parenté qui n'y est pas, le théoricien de la « muraille d'acier » et traducteur de Dostoïevski en hébreu n'ayant jamais traité par le mépris les Arabes dont il jugeait au contraire si légitime et honorable l'adversité qu'il l'estimait devoir être éternelle. Les acteurs de la tragédie sont réunis, chacun à sa place, sous peu dans son rôle. De périphérique, le Liban va devenir une scène majeure des affrontements internationaux qui vont se succéder entre l'Est et l'Ouest, le Nord et le Sud, puis le Sud et le Sud. La guerre civile sera un théâtre d'ombres pour les guerres de l'étranger.

Les camps gonflent sous l'afflux des réfugiés de Cisjordanie en 1967, mais aussi de Jordanie en 1970. Trop démocratique, trop composite surtout pour recourir à la brutalité avec laquelle les régimes arabes soumettent les Palestiniens à leurs vues et visées, le Liban assiste à la création d'un État dans l'État – ratifié par les accords du Caire qui troquent paradoxalement le statut extraterritorial et militarisé des installations du Fatah contre la reconnaissance de la souveraineté libanaise par l'OLP. Le temps des miliciens est venu et, avec lui, celui des accrochages qui annoncent l'orage du

13 avril 1975 : lors de l'inauguration d'une église paroissiale dans la banlieue d'Aïn el-Remmané, une fusillade accueille l'arrivée de Pierre Gemayel tandis que, dans le camp de Sabra, des fedayins se désignent aux représailles en fêtant de rafales de kalachnikovs leur attaque d'un kibboutz israélien – les auteurs de l'attentat sont des membres du Parti social nationaliste syrien, la faction libanaise inféodée à Damas, qui ont voulu venger le rapt de l'un de leurs chefs par les Phalanges. Les trêves ne serviront plus désormais qu'à préparer l'escalade.

Cette même année 1975, les milices prolifèrent. Les sunnites reforment Al-Marabitoun, « les Sentinelles », branche armée du mouvement de 1958, et font à nouveau front commun avec les druzes du Parti socialiste progressiste qui fournit en bataillons les « seigneurs de la guerre » du clan Joumblatt. L'imam Sadr fonde dans le Sud défavorisé le groupe d'autodéfense chiite Amal, « Espoir », d'où sortira, après scission, le Hezbollah, Sadr disparaissant trois ans plus tard en Lybie, assassiné par Kadhafi à la veille du retour de Khomeyni en Iran. L'Asala (l'Armée secrète de libération de l'Arménie) naît sous les arcades de la cathédrale Saint-Sauveur, dans le quartier beyrouthin de Bourj Hammoud où ses activistes ont appris, au contact de Palestiniens chrétiens, le catéchisme de l'action terroriste internationale – les Arméniens se garderont toutefois d'être partie prenante au conflit intérieur autrement qu'en étant les victimes. Enfin, dans le camp maronite, le clan Frangié crée la brigade Marada, et le clan Chamoun celle des Tigres, qui s'ajoutent aux Phalanges du clan Gemayel – soit une armée en hommes et en équipements. Début 1976, entre le 18 et le 20 janvier, à la boucherie qu'ont perpétrée les phalangistes dans le camp palestinien de Karantina répond la tuerie que commettent les Sentinelles dans la ville chrétienne de Damour. S'ouvre ainsi une décennie et demie d'attentats, batailles, massacres, expulsions et déportations – dont j'abandonne aux romanciers la part occulte, tissée de l'opacité des trafics d'influence, de drogue et d'armes, de l'obscurité des instrumentalisations, manipulations et trahisons, du brouillard des interventions internationales, missions, sommets, forces d'interposition et troupes d'occupation, de la ténèbres des prises d'otages, pièges et commandos-suicides. Mais commence aussi, par là même, la descente aux enfers des maronites – mon sujet.

Guerre civile dans la guerre civile, les factions maronites vont se livrer à une rivalité sanglante, menée par les fils au nom des pères, qui se soldera par l'émergence des Forces libanaises. En 1978, Béchir Gemayel ordonne l'assassinat de Tony Frangié et force Dany Chamoun à se retirer. L'année suivante, les Phalanges fournissent l'essentiel de leurs cadres aux séditieux de l'Armée du Liban sud qui disent lutter pour un « Liban libre », mais dont la prison de Khiam, transformée en centre de tortures, garde la mémoire des exactions. La mort de Béchir Gemayel, le 14 septembre 1982, trois semaines après son accession à la présidence de la République, dans un attentat commandité par Damas, déclenche une terrible vendetta : deux jours plus tard, ses lieutenants, qui accusent à tort les Palestiniens, procèdent à un carnage dans le camp de Sabra et Chatila, en une sorte de rituel barbare censé consacrer leur alliance avec Israël qui vient d'entrer au Liban pour en chasser Arafat. L'indignation à Tel-Aviv conduira à la démission d'Ariel Sharon, blâmé pour sa négligence dans la conduite des opérations par la commission parlementaire Kahane. Le 5 novembre 1989, les Forces libanaises organisent à Bkerké, le palais patriarcal, une grande manifestation qui réunit le peuple maronite contre le primat de son Église, Sa Béatitude Nasrallah Boutros Sfeir, dénoncé comme un agent de la Syrie en raison de la pondération que lui a intimé d'afficher le Vatican. L'autorité spirituelle bafouée, il ne reste plus qu'à piétiner ce qui reste symboliquement de pouvoir temporel. Début 1990, les rebelles affrontent l'armée régulière du général Michel Aoun, promu chef du gouvernement – dont l'envahisseur syrien mettra à profit l'affaiblissement, quelques mois plus tard, pour humilier sa tentative picaresque de rétablir la souveraineté nationale. À l'automne de cette même année, Samir Geagea, le successeur de Béchir Gemayel, fait exécuter Dany Chamoun avec sa femme et deux de ses enfants. D'une élimination à l'autre, en une décennie qui compte pour mille ans, une communauté dominante, devenue suicidaire, s'est autodétruite. Entre-temps, le pacte national dont les maronites étaient garants a été brisé. Entre-temps, les accords de Taëf ont mis fin à l'hégémonie maronite sur le Liban. Entre-temps, les maronites ont été gommés du Chouf par les milices druzes de Walid Joumblatt, la guerre ayant fini par matérialiser le spectre qu'elle était censée conjurer, enlevant sur son passage des centaines de milliers de chrétiens de diverses confessions, jetés sur les routes, réfugiés à l'autre bout du pays, empruntant le chemin du départ, attendant en exil d'être rejoints par leurs proches.

La croisade des maronites aura naturalisé l'exode des Libanais : deux ressortissants sur trois vivraient aujourd'hui en diaspora selon la rumeur et, plus sûrement, un citoyen sur quatre, selon les registres électoraux, mais qui, sept fois sur dix, est un chrétien. Le choix de prendre les armes a abouti à la fin du XXe siècle au même désastre que connurent, pour les mêmes raisons, les Arméniens et les Assyriens au début du même siècle, pareillement illusionnés d'être soutenus dans leur guerre d'indépendance par des puissances européennes qui les abandonnèrent sans trop d'hésitation pour n'avoir eu guère à y réfléchir, tant ce lien de civilisation était imaginaire. Cette fois, cependant, la stratégie de résistance frontale, d'engagement militaire, de sécession politique, n'a pas creusé le malheur d'un seul peuple, mais des chrétiens orientaux dans leur entier, venant abonder le procès en insincérité dont l'islamisme charge l'arabité dès lors qu'elle n'est pas musulmane. Dans un univers livré à la paranoïa du complot et à la chasse aux conspirateurs, l'embardée maronite restera ainsi comme la preuve que l'Orient chrétien n'est jamais que le « cheval de Troie » de l'Occident – les fanatiques aussi ont leurs communicants, grimés, comme chez les tolérants, d'un vernis de culture. Il faut dater des mêmes événements l'apparition de la littérature du martyre par procuration qui prend alors exemple sur le non-exemple maronite pour appeler au sursaut de l'Europe, ignorante du péril qui monte – lequel est ancien pour les conservateurs impénitents, nouveau pour les gauchistes repentis que l'exercice réunit sur les mêmes rayons de bibliothèque, les uns invoquant la chrétienté, les autres les droits de l'homme, pour défendre une folle aventure idéologique dont les clés leur échappent d'autant mieux qu'ils y plaquent leur propre idéologie.

Nul ne s'est trop attardé alors – ni depuis – sur le refus de la communauté grecque-orthodoxe d'armer une milice dont elle garda avec constance le principe tout au long de la guerre civile, seule des communautés indigènes d'une telle importance numérique et d'une belle signification historique à avoir agi de la sorte. Penserait-on expliquer cette singularité par la sociologie d'un groupe urbain avancé, aisé, combinant libéralité des mœurs, intelligence des situations et attachement républicain à l'unité nationale – la raison non pas opposée, mais supérieure, qui créa ces conditions plutôt qu'elle en résulta en fut, il faut le savoir, une théologie ? Le mot est lâché. L'usage la qualifie d'antiochienne, ce qui n'éclaire guère. L'antique cathèdre de la métropole d'Antioche sur l'Oronte est vide depuis les croisades, la moderne Antakya relève aujourd'hui du territoire de la Turquie et cinq patriarches du monde arabe se disputent la titulature du siège, sa succession et sa juridiction, même si l'on peut s'accorder, vu l'ordre vraisemblable que dégage la chronologie des schismes, sur la prééminence du primat de l'Église orthodoxe ou grecque-orthodoxe qui réside à Damas – et qui a pour émule le primat de l'Église syriaque orthodoxe concurrencé par le primat de l'Église catholique syriaque, pour rival le primat de l'Église melkite ou grecque-catholique, et pour épigone le primat de l'Église maronite, lesquels vivent eux-mêmes soit à Damas, soit à Beyrouth. L'Orient se découvre simple, toutefois, pour qui se souvient des Actes des Apôtres et du rôle fondateur de la capitale de la province romaine de Syrie au regard de la fonction originelle de Jérusalem : c'est à Antioche que, pour la première fois, les disciples de Jésus furent appelés « chrétiens », que l'Église s'émancipa de la Synagogue et qu'elle reçut à égalité les païens et les juifs, décision que Paul eut quelque difficulté à arracher à Pierre, trébuchant et faillible, à son habitude.

C'est de cette expérience initiale et continue de la pluralité que s'inspire la théologie polyphonique dont Georges Khodr, l'évêque orthodoxe de Byblos et du Mont-Liban, n'a cessé de témoigner au pire des événements : la spiritualité et l'engagement allant de pair en Orient, ce militant indépendantiste non violent dans sa jeunesse, intellectuel contestataire lors de ses études à Paris, et champion de l'arabité dès son retour à Beyrouth, compte parmi les éditorialistes influents du journal de référence, *An-Nahar*, et les interlocuteurs privilégiés de l'Organisation de la conférence islamique. Son œuvre va puiser dans la conception cosmique du *Logos*, du Verbe divin, que se font les Pères grecs et qui, hors l'événement de l'Incarnation, s'incorpore dans le monde comme dans l'histoire, en tout lieu et en tout temps. La moindre réalité humaine contient dès lors un *logos* caché, une raison intime, un Christ dormant, que Khodr discerne également dans le Coran – qu'en lettré de la langue arabe il connaît et récite par cœur. Dans le sillage des mêmes Pères grecs pour qui Platon doit être lu comme un Testament naturel parallèle à celui inspiré de Moïse, il déchiffre en Mahomet le prophète des Arabes, le pendant, pour la descendance d'Ismaël, des prophètes de la lignée d'Israël, qui à son tour a communiqué à son peuple le message du Dieu unique, providentiel et juge des fins dernières – message qu'honore le christianisme en assumant la Bible hébraïque comme son propre Testament, ancien, préparatoire et néanmoins premier en ce que le nouveau ne l'abolit pas, mais l'accomplit. Ce faisant, Khodr désamorce le choc des révélations en les désynchronisant, en restituant chacune dans sa temporalité autonome que commande l'interprétation du contexte et non pas la datation du texte : l'exclusivité que supposent les monothéismes en raison du conflit des vérités qu'ils déterminent s'en trouve neutralisée. Traduite en termes politiques, cette théologie de l'altérité positive définit un « maximum restreint » de l'identité religieuse qui autorise la coexistence, permet la cohabitation, invite à une patience dont les chrétiens doivent être exemplaires en ce que leur Dieu crucifié leur fait précéder les autres en les faisant venir après eux – à tous les sens du terme.

Dans la guerre civile, il leur revient donc d'être sans armes pour désarmer la haine. Les orthodoxes du Liban le suivront là-dessus comme sur le reste. Inévitablement, cette disposition au martyre gratuit, à une époque de « martyrs » utilitaires, paraîtra un vœu pieu, mais la piété est précisément l'enjeu lorsque la Cité tourne au fratricide : ce que montreront les funérailles en la cathédrale Saint-Georges du journaliste Samir Kassir, assassiné pour avoir été le champion laïc de cette vision. Peut-être craindra-t-on qu'il y aille d'un angélisme respectable, mais sans bénéfice et sans issue ? On aura tort et raison. Les nombreuses familles de diverses confessions qui, dans les années terribles, retrouvèrent l'un des leurs retenu en otage grâce à l'intercession de Mgr Khodr qui seul avait la liberté de s'adresser à tous, sont redevables de la leçon qu'ils ont ainsi apprise. Cette leçon s'est propagée à l'ensemble des chrétiens libanais et jusqu'aux cercles intellectuels maronites au sein desquels elle a procuré aux jeunes générations le moyen de se relever des errances de leurs aînés – adoucissant ainsi les larmes du repentir de la perspective d'un avenir viable. Pour les oligarques de tous bords, au contraire, la communauté orthodoxe, à n'avoir pas voulu peser par la violence dans la refonte du pays par le feu et le fer, doit être considérée et traitée comme la grande perdante du Liban nouveau – mais, par là, fidèle à la croix du seul Dieu victorieux, parce que battu, de l'histoire des hommes.

La fin de la guerre civile n'a pas éteint la déchirure, mais en a hachuré chaque camp. L'équilibre libanais repose désormais sur la suprématie chiite qui s'est imposée par le nombre et par la force, mettant fin à des siècles d'humiliation sans toutefois mettre en cause l'impératif national – l'obstination du Hezbollah à en maintenir le principe là où il pourrait cueillir le pouvoir montre la complexité d'un mouvement étranger au simplisme du salafisme sunnite, et qui, s'il a su pratiquer la terreur, ne peut être réduit à une « organisation terroriste », nonobstant les classifications du département d'État américain. Mais cette suprématie est telle qu'elle a fait voler en éclats ce qu'il restait d'unité parmi les maronites. Revenus en politique après l'assassinat en 2005 du Premier ministre Rafiq Hariri, qui provoqua la division de la vie libanaise en deux blocs, ils ont accompagné cette partition : Michel Aoun, à son retour d'exil, a rejoint, comme les Frangié, l'Alliance du 8-Mars, à dominante chiite, menée par Hassan Nasrallah, liée à la Syrie et à l'Iran, tandis que Samir Geagea, à sa sortie de prison, a intégré, à l'instar des Gemayel et des Chamoun, l'Alliance du 14-Mars, de prépondérance sunnite, dirigée par Saad Hariri, soutenue par l'Arabie saoudite et les États-Unis. L'étranger proche ou lointain continue ainsi d'importer ses affrontements au Liban dont la fragile stabilité, déjà perturbée par le conflit irakien, est désormais soumise au devenir de la guerre civile que connaît à son tour la Syrie, ce pays à la fois frère et ennemi qui reproduit la même mosaïque confessionnelle et entretient le même chaudron communautaire dont la dure dictature baasiste et alaouite des Assad avait jusque-là retardé l'explosion – mais où le sort des chrétiens reproduit aujourd'hui le cycle du massacre et de l'exode qui prévaut dans le reste du Levant.

Comment a-t-on pu croire que le règne de la violence en Syrie s'arrêterait avec l'aboutissement rapide de la vague de protestations jaillie de Deraa en mars 2011, que les manifestations renverseraient sans coup férir, sur le modèle de la Tunisie et de l'Égypte quelques mois plus tôt, un régime honni, après avoir soulevé un peuple tyrannisé et rallié une armée autolâtre ? Peut-être aura-t-on compris, depuis lors, que Washington, secondant la poussée sunnite, financée par Ryad et les émirats, à Tunis et au Caire, avait devancé avec soulagement la disparition d'un adversaire tenace devenu un maillon essentiel de l'arc chiite, ou que Bruxelles, contrite de ses arrangements passés avec des potentats corrompus, n'avait pas voulu dédaigner ces révolutions arabes qu'une jeunesse *up to date* avait déclenchées sur le Web, obérant d'un clic *I like* qu'elles profiteraient nécessairement aux islamistes qui, de leur cachot ou de leur exil, ruminaient et planifiaient le Grand Soir depuis des décennies. Mais l'aveuglement de Paris reste à ce jour inexplicable : dix, vingt fois les méfaits et forfaitures de Damas, quoique redoutablement toxiques, avaient été suivis de ces réconciliations obligées qui font l'ordinaire des relations entre une ancienne puissance coloniale et une nation anciennement colonisée, jusqu'à ce que, sous François Hollande, répétant le précédent libyen de Nicolas Sarkozy, la France ait été la première à reconnaître le Conseil national syrien comme « seul représentant et interlocuteur légitime », rompant ainsi avec sa tradition diplomatique qui distingue les États des régimes, s'alignant du même coup sur la position américaine et préparant avec zèle sa participation à une campagne de bombardements aériens à laquelle elle dut renoncer sur un coup de fil de Barack Obama, sorti par l'opportuniste Vladimir Poutine de la nasse dans laquelle l'avait plongé un ultimatum improvisé. Voilà une énigme qui fait de l'Élysée, au choix, le dernier abri des faucons néoconservateurs, ou l'ultime refuge du fantôme de Guy Mollet qui en aurait chassé celui de Charles de Gaulle. Il est clair, pourtant, que la prudence d'Israël dans cette affaire avait tout pour freiner de tels emportements, la conscience aiguë de ses intérêts vitaux lui faisant préférer un ennemi connu, plusieurs fois vaincu et en partie maîtrisé, au maelström d'un État islamique ignorant des leçons de l'histoire et des règles du jeu.

Il est mille et une raisons pour lesquelles le pouvoir n'est pas tombé aux premiers soubresauts de la contestation : entre autres, que le Machrek bigarré n'est pas le Maghreb uniforme, que l'islam n'y est que majoritaire, que l'hégémonie sunnite y est contrariée par des dissidences musulmanes et non musulmanes, que la Syrie est un condensé de cet échiquier, que le baasisme syrien fut aussi policier mais plus authentiquement laïc et socialement équitable que le baasisme irakien, qu'à l'extérieur Hafez el-Assad sut gagner en influence, par l'intimidation, ce que Saddam Hussein perdait en crédit par la rodomontade, qu'à l'intérieur sa main de fer ressortait atterrante mais rationnelle au regard des lubies et cruautés du raïs de Bagdad, et qu'enfin, quand il se retourna contre son peuple, ce ne fut pas pour réprimer des communautés en quête de reconnaissance, mais pour briser l'ascension des Frères musulmans, faisant massacrer en 1982 des milliers d'entre eux dans leur fief de Hama par des forces spéciales composées principalement d'alaouites, comme lui, ainsi que de chrétiens et de druzes acquis à sa personne. Toutes raisons qui mènent à une seule : la force du pouvoir, visiblement encore vivace, tient paradoxalement à sa nature minoritaire, voire à son hétérodoxie et à l'art de la duplicité que suscite l'apprentissage à être l'autre de l'autre et donc à devoir avancer dissimulé, les « partisans d'Ali » que sont les alaouites représentant l'une de ces sectes initiatiques qui permirent à des cultes syncrétiques de refuser l'islam tout en feignant de l'adopter.

Affiliés aux marges du chiisme ismaélien, persécutés par les sunnites, les alaouites formèrent une caste guerrière repliée dans les djebels autour de Lattaquié, l'ancienne Laodicée que les croisés appelaient la « terre des assassins », dont ils demeurent à ce jour les possesseurs. Le Mandat français puis l'avènement du Baas les conduisirent naturellement à endosser la carrière militaire, à en gravir les échelons supérieurs et à noyauter une armée dont ils restent aujourd'hui les maîtres. Leur constitution clanique continue ainsi à faire leur force, alors qu'ils ont su compenser la faiblesse de leur statut et de leur nombre en abritant, sous leur pouvoir sans partage, une fédération des minorités dont ils conservent, pour l'heure, contraint, délibéré ou résigné, l'attachement solidaire.

D'où l'évidence, rejetée au début de la guerre civile, qu'il fallait s'attendre à un conflit long, à défaut d'organiser ou de favoriser un renversement de palais créant les conditions d'une transition, ou à tout le moins les apparences d'une réconciliation, hypothèse peu plausible au regard de l'inexpugnable fraternité alaouite, qui repose sur les liens du sang, et de la douteuse faculté des services occidentaux à en pénétrer l'arcane ; ou que, sinon, la longueur de ce conflit, incalculable *a priori*, aboutirait à une partition de la Syrie, à commencer par la sécession du bastion alaouite : hypothèse plus probable, puisqu'en voie de réalisation. Au lieu de quoi la *blitzkrieg* supposée de la résistance démocratique a abouti à l'enlisement politique du Conseil national qui, refondé en une coalition encore plus imprécise, offre à la contemplation une nébuleuse au projet flou, aux positions ondoyantes, à la présidence tournante, mais sur laquelle pèse l'ombre des Frères musulmans et du Qatar – le refus de Michel Kilo, l'écrivain chrétien, figure historique de l'opposition, d'y adhérer, et la démission de la politologue Bassma Kodmani, qui en fut la cofondatrice, sont en soi éloquents. Sa branche militaire, l'Armée syrienne libre, composée majoritairement de sunnites, après être allée de revers en revers, est enfoncée sur le terrain par les brigades salafistes qu'alimente l'internationale djihadiste, alors que la réussite de l'État islamique en Irak et au Levant à opérer la jonction avec le Nord irakien pour asseoir sa prétention à restaurer le Califat a provoqué l'afflux de pasdarans missionnés par les ayatollahs de Téhéran, de Nadjaf et du Hezbollah – choc frontal barrant la route à l'ambition du Kurdistan réuni pour lequel se battent les peshmergas des deux côtés d'une frontière au tracé évanoui. Guerre tribale, civile, énergétique, globale ou sainte, guerre par procuration, de civilisation ou de religion : de quelque manière qu'on veuille décrire le cratère syrien, les chrétiens de Syrie y entendent inexorablement leur fin.

C'est ainsi, tragédie après tragédie, que l'Occident a redécouvert l'existence de l'Orient chrétien, se concentrant chaque fois sur l'une de ses faces, s'attachant à travers le Liban maronite, puis l'Irak chaldéen à des communautés qui lui apparaissaient d'autant plus victimes que, prises dans des mécanismes qui les dépassaient et les broyaient, elles l'appelaient à l'aide, en garant non seulement de leur survie mais encore de leurs valeurs – unies à Rome, bénéficiant dans le Vatican d'un relais puissant, elles disposaient de surcroît de prélats formés au langage séculier de l'Europe. Rien de tel en Syrie où la prédominance est orthodoxe – principalement grecque-orthodoxe, mais aussi syriaque et arménienne, les grecs-catholiques manifestant par ailleurs une vive nostalgie de l'orthodoxie que ne manque jamais d'exprimer leur patriarche, Grégoire Laham, disciple impromptu de Georges Khodr. L'insistance de ces Églises à se déclarer prêtes à résister à la résistance n'a pas manqué d'émouvoir l'opinion, qui se croyait informée, quand elle ne l'a pas choquée. On a crié à la schizophrénie des hiérarchies, à l'enfermement mental des fidèles, à l'assuétude de la pompe, de l'encens, du loukoum, avant de conclure à une atrophie congénitale du sens politique consécutive au césaro-papisme byzantin – description guère nouvelle, à compulser les rapports des ambassades rédigés quelques siècles plus tôt, exempts cependant du vocabulaire psychiatrique alors inexistant qui rythme désormais les conversations les plus anodines, comme s'il y allait d'une banalité que d'être fou, mais marqués des mêmes accents de la réprobation qu'inspire l'incompréhensible quand il inquiète sur la capacité à l'entendement non plus de l'autre, mais de soi. En bref, à coller à leur despote et geôlier, les chrétiens de Syrie seraient tributaires de cette peur de la liberté que décrivait Erich Fromm et dont le cinéma a fait le syndrome de Stockholm, en un accès si aigu qu'elle leur ferait justifier le temps de leur captivité comme un âge d'or : embarrassantes victimes, à affirmer ainsi le droit du bourreau, chrétiens indignes de foi à dénier l'inhumanité du mal, à moins que le strabisme ne soit pas de leur seul côté ?

Nul besoin d'invoquer la sagesse tirée d'un millénaire et plus passé à se survivre, la balance déduite du souvenir d'époques encore plus rudes, le calcul immédiat à ne pas se retrouver les boucs émissaires d'une révolution annoncée et d'un pouvoir finalement restauré au gré des virevoltes d'une communauté internationale dont on sait être le cadet des soucis, une broutille ou une anicroche : il suffit de remonter au protectorat français qui, à la différence de ce qui avait été accompli au Liban, sut donner à la Syrie les fondements constitutionnels d'une égalité des confessions qui venait boulonner celle des citoyens. Cet acquis fut contesté après l'indépendance, et tout près d'être aboli sous la pression de la majorité sunnite, déjà amère, et des Frères musulmans, déjà délétères, avant d'être rétabli avec l'accession du Baas au pouvoir en 1963, et d'être renforcé à la suite du coup d'État d'El-Assad en 1970. La Syrie fut dès lors le pays du Levant où les chrétiens bénéficiaient d'une pleine liberté de culte et de réunion, d'un accès complet à la vie publique et d'une assurance tous risques quant à leurs visibilité, sécurité et bien-être, l'argent de l'État finançant la construction de leurs églises sans autre restriction que les lignes budgétaires. Ce traitement de faveur, intéressé, stratégique, avait un prix qui était une loyauté sans faille au régime – mais c'est là, partout en Orient, la définition de la laïcité. La tyrannie d'El-Assad, sur laquelle les hiérarchies ne nourrissaient guère d'illusions, pour laquelle elles n'avaient aucune inclination, mais de laquelle toute critique était proscrite, le machiavélisme de ses complaisances compromettantes, la clause suspensive, unilatérale, imprévisible mais sans cesse rappelée de ce faux contrat qui était un diktat, firent que les chrétiens s'abstinrent d'avoir une existence politique, hormis quelques valeureuses exceptions vouées à l'embastillement ou à la mort. Afficher ce désintérêt avait également pour avantage de prévenir l'animosité immédiate de la majorité sunnite, et, dans l'anticipation d'un retournement de fortune, de méchantes représailles – ce qui était malheureusement bien vu. Pour autant, cette attitude ne confinait pas à l'hypocrisie, et de nombreux chrétiens, par-delà leurs avantages forcément comparatifs au regard du reste de la région, et sans rien céder de leur aversion pour le système, pouvaient se reconnaître dans le recouvrement d'une certaine fierté nationale et, plus encore, dans de réelles avancées sociales – à participer du même monde et de la même culture, les chrétiens arabes vivent dans différents pays qu'ils considèrent comme leur patrie et dont ils se conçoivent telle une trame incessible. Il n'en reste pas moins qu'ils se savaient vivre sous la terreur d'État. Aussi est-ce leur faire injustice d'accréditer l'idée qu'ils eussent pu confondre cette période de répit avec un temps béni.

Au regard de cette intermission promise à ne jamais revenir, ainsi que les chrétiens le savent et en ont fait le deuil, la perspective du chaos révolutionnaire dont, dès les premiers instants, ils estimèrent qu'il mènerait à une république islamique adossée à la charia et prêchant la vindicte à leur encontre, leur a semblé commander non pas l'allégeance à un bien antérieur, mais l'inférence du moindre mal parmi tous les maux à venir. De leur attitude on blâmera le peu de gloire – mais de quelle heure parle-t-on si ce n'est vespérale ? On accusera le défaut d'insoumission – mais, mieux que diplomates et journalistes, ne connaissaient-ils pas intimement les figures de proue de la résistance, parmi lesquelles quelques-uns de leurs frères, dont on peut dire aujourd'hui qu'elles ont échoué à détromper leur défiance initiale, instinctive mais aussi raisonnée ? On regrettera le peu de cas prêté à la lucidité que l'opinion internationale ou chrétienne attend d'eux et leur réclame – mais n'ont-ils pas souvenir que les exhortations à la dignité proférées au cœur de la nuit ne valent pas promesse d'accompagnement lorsque, au petit matin, se présentent les bourreaux ? Le Quai d'Orsay fait ainsi savoir officieusement son étonnement face au refus unanime des hauts prélats syriens, naguère tous francophiles, de passer désormais par Paris où ils venaient jadis donner des informations et prendre des recommandations : ce n'est pas seulement qu'ils sont fatigués d'y être admonestés, à force de vouloir expliquer qu'aucun règlement ne sera possible sans le concours de la Russie, qui fut elle aussi protectrice des chrétiens d'Orient, et de l'Iran qui soutient sans surprise le pouvoir alaouite, acolytes controuvés et néanmoins contre-feux avérés à l'avancée salafiste dont joue et que manipule à l'occasion Bachar el-Assad avec le cynisme hérité de son père et de son clan ; c'est qu'ils sont proprement mortifiés de constater que, faute de pouvoir mener une intervention militaire ou d'imposer une solution politique, la diplomatie française se préoccupe pour l'essentiel de déterminer le juste niveau des livraisons d'armes qui l'exonérerait de n'avoir rien fait, mais qu'eux-mêmes jugent trop précautionneuses pour cuirasser les insurgés et assez aléatoires pour ne pas finir par équiper les djihadistes qui s'apprêtent à les égorger – le spectre affligé de la guerre d'Espagne survenant ainsi au fantôme caracolant de la campagne de Suez... Après quarante mois d'affrontements, plus de cent cinquante mille morts, près de deux millions et demi de réfugiés hors frontières, et sans doute six millions de déplacés dans les frontières, la question de savoir qui, des Églises de Syrie ou des puissances occidentales, manque de courage et d'esprit de décision, ne devrait plus en être une.

Un million de Syriens en Turquie, un autre au Liban, un demi en Jordanie, qui s'ajoutent, dans les mêmes camps, aux Irakiens arrivés avant eux et qui continuent d'affluer : le comptage et la répartition des masses sont approximatives, l'amplitude de la catastrophe est indéniable, la seule certitude chiffrée à ce jour étant que le Haut-Commissariat aux réfugiés des Nations unies n'a récolté qu'*un dixième* des deux milliards de dollars nécessaires pour subvenir aux premiers besoins de ces condamnés à l'errance. Tous ne sont pas chrétiens, tant s'en faut, mais les chrétiens l'emportent à proportion du seuil en deçà duquel leur présence au Levant ne sera plus que résiduelle – franchi en Irak, menaçant en Syrie. À travers l'exode, l'état de guerre ne se cantonne pas aux zones de conflit, mais embrasse l'Orient, balaie les frontières tracées au cours du siècle précédent, affecte les pays qui, tout en craignant pour leur propre stabilité, accueillent ces hommes, ces femmes, ces enfants en trop : la Turquie, qui a bâti son unité sur l'exclusion des minorités ; le Liban, qui, à peine recollé, s'inquiète d'être à nouveau fragmenté ; la Jordanie, qui, depuis ses débuts, est prête à se disloquer de l'intérieur et où, paradoxalement, les chrétiens qui y vivent ont le plus à redouter des chrétiens qui y arrivent – et réciproquement.

Au tournant des années 1980, le royaume hachémite pouvait se targuer d'avoir supplanté le Liban, rongé par la guerre civile, dans la course à la condition d'excellence des christianismes orientaux. L'affaire était ancienne. Chassée de La Mecque par les Saoud, la dynastie des chérifs du Hedjaz avait vu son rêve de régner sur le Levant trahi par les puissances européennes, puis démenti par les révolutions nationalistes. Elle s'était repliée sur le territoire de l'émirat de Transjordanie, qui lui avait été octroyé en 1923, et de la Cisjordanie qu'elle avait annexée lors de la guerre de 1948 – l'hypothèse d'un accord entre David Ben Gourion et Abdallah Ier en vue de se partager la Palestine mandataire n'est pas avérée, mais l'assassinat d'Abdallah en 1951, devant l'entrée de la mosquée al-Aqsa, sur ordre du Grand Mufti de Jérusalem al-Husseini, précurseur de l'antisionisme islamiste, tend à en confirmer le caractère tacite. Les Hachémites avaient ainsi restauré leur lignée dans son assise à la fois temporelle et spirituelle en retrouvant une terre, mais exiguë et disputée, un couloir dévalant entre désert et montagne pour aller se jeter dans la mer Rouge, mais cerné de plus puissants voisins ; un peuple, mais nomade et citadin, mêlant aux Bédouins du désert des bourgeois et des paysans palestiniens ; la garde de Lieux saints, mais juifs, chrétiens, musulmans et antagoniques. Le pari avait semblé hasardeux pour une monarchie rescapée de l'histoire, qui se voulait typiquement arabe dans le moule institutionnel corseté par le colonisateur britannique, représentative d'une arabité moderne dans un espace de tradition tribale, exemplaire au sein de la

Ligue arabe dans la défiance croissante des autres États-membres qui la suspectaient de double jeu en faveur d'Israël. Ce pari n'avait pas été tenu. En 1967, lors de la guerre des Six Jours, la dynastie hachémite perdit Jérusalem-Est et la Cisjordanie, la *West Bank* – la rive occidentale du Jourdain – à laquelle les vainqueurs allaient réattribuer le nom biblique de Judée et Samarie, et beaucoup de la légitimité déjà fragile qui était la sienne non seulement au titre de la défaite, mais aussi de par l'afflux de trois cent mille réfugiés palestiniens venus grossir les rangs de ceux de 1948 et contestant plus qu'eux encore sa souveraineté qu'ils n'avaient jamais véritablement acceptée. En 1970, en une répétition générale du drame libanais, au prix de violents combats et de milliers de morts, les légionnaires à keffieh rouge du roi Hussein expulsèrent les fedayins à keffieh noir de Yasser Arafat après que le Fatah eut tenté de renverser la monarchie, arguant qu'un Jordanien sur trois était peu ou prou palestinien et que l'héritier des Hachémites était un félon, engagé dans le plan de paix prôné par le secrétaire d'État américain Rogers – comme au Liban, la Syrie et Israël intervinrent dans le conflit, là également sous forme de prélude, les blindés portant les revendications expansionnistes de Damas ayant été stoppés à la frontière du Nord, à Irbid, par les avions de

Tsahal, tandis que des lieutenants du Fatah, voulant échapper au massacre et ne voulant pas tomber aux mains d'Assad, se résignaient à regagner clandestinement Jérusalem, désormais capitale de l'État hébreu, en traversant à la nage le Jourdain. Proscrit du monde arabe, Hussein, qui avait appelé à l'aide Washington, passé de fait au camp occidental, bien qu'il n'ait signé la paix qu'en 1994, érigea depuis lors la présence chrétienne en une sorte de monument consolatoire des ambitions déchues, démonstratif de la modernité et de l'ouverture du royaume, emblématique de l'unité de la nation sous la seule égide de son suzerain et du rassemblement de tous les Arabes sous le même Dieu, compensatoire, enfin, du renoncement à la Ville trois fois sainte et signe de la vocation des Hachémites à l'universalité pour avoir transcendé les barrières religieuses.

Cette même année 1994, le frère de Hussein, le prince Hassan, longtemps dauphin en titre avant d'être écarté de la succession au profit du fils que le roi a eu avec la Britannique Antoinette Gardiner, fonde à Amman l'Institut royal des études interreligieuses alors qu'il participe déjà (ou participera bientôt) à Religions for Peace, organisation tiers-mondiste et spiritualiste rattachée à l'Onu, au Elijah Interfaith Institute créé par le rabbin israélo-américain Alon Goshen-Gottstein à New

York, à la Foundation for Interreligious and Intercultural Research de Genève, financée par le milliardaire syro-texan Jamal Daniel ; ambassadeur tous azimuts du rayonnement culturel du royaume, Hassan va cumuler les postes de président, administrateur ou membre d'honneur de trente-cinq organisations internationales généralement consacrées à la défense des droits de l'homme, à l'aide humanitaire, à l'écologie, au pluralisme, à la tolérance et à la paix, il parrainera six universités et trois sociétés savantes en Jordanie et sera le récipiendaire de vingt-quatre doctorats *honoris causa* sur les cinq continents. Quatre ans plus tard, en 1998, il publie, chez l'éditeur anglais et anglican SCM Press, *Christianity in the Arab World*, livre célébrant la fraternité islamo-chrétienne au Levant, hier, aujourd'hui et demain, en cent deux pages préfacées par le prince Charles, lui-même féru d'œcuménisme, admirateur de l'Orient chrétien et adepte des retraites au mont Athos. En 2007, enfin, il est à l'initiative de la lettre ouverte appelant Rome au dialogue, qu'ont signée cent trente-huit clercs de l'islam qu'il a réunis dans la capitale jordanienne et qui a pour premier but de réconcilier le pape Benoît XVI avec le monde musulman après la crise de Ratisbonne. Tel est donc, sur deux décennies, le bilan d'une vaste entreprise de communication dont la valeur serait moins contestable si les intentions et discours qu'elle met en scène reflétaient parfaitement les situations et les actes qui se déroulent dans l'arrière-cour.

Constitutionnellement, la Jordanie n'a de religion que l'islam, ne reconnaît les chrétiens arabes qu'au chapitre des minorités, les encadre par le statut ottoman qui délègue à chacune de leurs communautés confessionnelles le droit d'administrer ses membres dans leurs particularités, tout en étant comptable vis-à-vis de l'État. Par la bonne grâce du roi qui les nomme par décret et double de la sorte la réalité de leur poids démographique, une dizaine de sénateurs et de députés siègent au Parlement, où ils font la preuve de la nature démocratique de la monarchie et de la loyauté que lui vouent indistinctement tous les sujets, en jouant le rôle qu'il leur est dévolu d'incarner l'opposition de gauche, ce qui est certes dans leur tradition, mais dont ils tempèrent les accès contestataires par une propension sans égale au légalisme et à la déférence. De la même façon, il ne saurait être un gouvernement sans un ministre chrétien, souvent, comme à l'habitude, aux Affaires étrangères, et des chrétiens – voire des chrétiennes, afin d'ajouter une discrimination positive à l'autre – occupent fréquemment d'importants postes diplomatiques dans les pays européens réputés d'ancienne chrétienté. Pour autant, l'enseignement catéchétique est interdit dans les écoles, le droit matrimonial institué en faveur de l'homme musulman, et toute action susceptible de relever du prosélytisme bannie de fait.

La condition des chrétiens en Jordanie est ainsi propice à leur épanouissement, parce que instrumentale. Elle permet de complaire aux attentes de l'Occident, de rivaliser en libéralité avec Israël, et d'opposer à la montée de l'islamisme une diversité rédhibitoire. Les grecs-orthodoxes bénéficient d'une attention particulière en raison de leur nombre, mais plus encore pour leur inscription dans le ressort canonique de l'Église de Jérusalem dont le patriarche doit être confirmé par la dynastie hachémite qui y trouve moyen de continuer d'influer sur les Lieux saints. Ils sont désormais concurrencés par les catholiques latins qui ont supplanté les grecs-catholiques à la suite des vagues de réfugiés palestiniens qui relèvent eux-mêmes de leur propre patriarcat de Jérusalem et ont fait de la Jordanie la voie d'accès privilégiée des papes, de Paul VI à François, en Orient. Cet effet de vitrine est tel que les Frères musulmans, qui entretiennent depuis toujours un rapport conflictuel avec le pouvoir et sont entrés en lutte ouverte avec lui depuis la guerre du Golfe, se sont sentis obligés de nommer un chrétien dans les instances du Parti de l'action islamique, lequel ne manque cependant pas de réclamer, entre autres mesures de purification sociale, l'imposition du voile à toutes les Jordaniennes, quelle que soit leur religion.

Le royaume à l'identité toujours incertaine, régulièrement déstabilisé depuis sa fondation, profondément ébranlé par les révolutions du Printemps arabe, croule désormais sous une islamisation pour laquelle les réfugiés des guerres voisines ont représenté une divine surprise – un demi-million, je l'ai dit, de Syriens, venus s'ajouter au demi-million d'Irakiens déjà présents, pour une population de six millions d'individus qui compte deux millions de Palestiniens exilés et se sachant tels. Le rêve hachémite de rassembler le Levant sous sa coupe tourne au cauchemar de voir les Levantins, fuyant le malheur, se regrouper sur cette bande de terre sans issue qui constitue un impossible asile. L'État étant peu préparé à administrer ce flot permanent, et pénalisé par l'avarice de l'aide occidentale, ce sont les Frères musulmans, couverts d'argent frais par l'Arabie saoudite, le Koweït et le Qatar, qui alimentent les camps en nourriture et en endoctrinement. Le recrutement qu'ils opèrent, facilité par le désespoir et la rancœur, ne menace pas que la monarchie, mais aussi les chrétiens de Jordanie qui doivent dans le même temps faire face au bouleversement que provoquent assyriens et syriaques dans les équilibres communautaires et, au-delà, dans les attitudes et les mentalités – le sentiment déroutant, providentiel et coupable d'avoir échappé à l'abattoir les inclinant à une passivité qui renouvelle le pire temps d'une soumission dont on avait pu croire, à tort, qu'il avait passé.

Le Jourdain, le fleuve biblique du Jugement divin, qui descend du mont Hermon vers la mer Morte en traversant le lac de Tibériade et Jéricho, n'est plus qu'un filet boueux sous l'effet de la guerre de l'eau, tandis que les batailles d'archéologues laissent au pèlerin le choix entre les deux sites présumés du baptême de Jésus par Jean, que rapporte l'Évangile, l'un en Israël, l'autre en Jordanie, comme il se doit. La mosaïque de l'église orthodoxe de Saint-Georges, à Madaba, au sud d'Amman, qui livre une carte de la Palestine chrétienne au VIe siècle, à la veille de la conquête arabo-musulmane, indique clairement la rive occidentale, aujourd'hui israélienne, ce que les savants jordaniens dénient, accusant l'artiste d'une erreur incompréhensible, non sans préciser que, au cas où la science lui donnerait finalement raison, les eaux dans lesquelles plongea le Christ, qui est pour eux non pas un descendant de la maison de David, mais un prophète de l'islam, n'en seraient pas moins les leurs, car il faudrait alors convenir qu'il s'agit d'un territoire occupé. Sur un demi-siècle, les chrétiens orientaux auront ainsi payé le plus lourd tribut dans la confrontation entre le nationalisme sioniste et le nationalisme panarabe qui, pour leur affliction, sans étanchement possible, au lieu de les immuniser contre les aléas de l'histoire, se sera révélé le plus destructeur des deux.

Le conflit israélo-palestinien n'est cependant pas la source de l'exode qui aura bientôt fini de vider l'Orient de toute présence chrétienne significative, mais un épisode d'une tragédie plus longue, commencée au début du XXe siècle avec la décomposition puis la dissolution de l'Empire ottoman sous l'action des puissances occidentales, et qui se poursuit en cette orée du XXIe siècle par la guerre que se livrent sunnites et chiites au sein du monde musulman, dans laquelle le parti pris par l'Occident fait fi une fois de plus de la survie des chrétiens d'Orient. À l'heure où je clos cet essai, trois mille à quatre mille assyriens et syriaques, on ne sait plus trop, fuient Mossoul, trompés par les fausses assurances de l'Émirat du Levant qui, après l'une de ces palabres de politburo concluant inévitablement à l'épuration pour renforcer la révolution, les a sommés de choisir entre la conversion, la soumission ou l'expulsion. Un journal me demande amicalement de commenter l'événement, ce dont je n'ai pas le temps, mais quoi dire, surtout ? Sinon qu'à Paris le compte du ministre de l'Intérieur, Bernard Cazeneuve, a affiché un tweet, supprimé entre-temps, stipulant que, « lorsqu'on est républicain, on ne distingue pas entre les enfants de Gaza, les jeunes Syriens et les chiites de Mossoul » – il fut un temps où la République était aussi celle des classes élémentaires d'histoire-géographie au cours desquelles on apprenait que, dans sa volonté de ne connaître et de ne reconnaître aucun culte, elle ne pouvait néanmoins se satisfaire d'en méconnaître un seul. Sinon qu'à Washington Barack Obama a répété sa condamnation de Da'ech comme organisation terroriste, et son souhait d'étudier « l'éventail de toutes les options », à l'exclusion d'une intervention militaire au regard « des immenses sacrifices passés de l'armée américaine en Irak », lesquels ne sont toutefois pas étrangers à la présente catastrophe. Sinon qu'à Djeddah le secrétaire général de l'Organisation de la conférence islamique, le Saoudien Iyad Madani, a déclaré que « le déplacement forcé des chrétiens de Mossoul est un crime intolérable », sans expliquer en quoi l'interdiction de tout lieu de culte chrétien (ou autre) dans la monarchie intégriste dont il dépend manifesterait un quelconque esprit de tolérance, mais il est vrai aussi que le golem salafiste, émancipé, se retourne désormais contre son maître wahhabite…

Le fait est que, à l'occasion du grand renversement de l'axe Est-Ouest en axe Nord-Sud, l'alliance entre les États-Unis et l'Arabie saoudite s'est traduite par la guerre de Bush et s'est continuée par la diplomatie d'Obama, poursuivant la même offensive contre l'Iran, le monde et l'arc chiites au nom de l'hégémonie sunnite menacée, Washington entraînant à sa suite une Europe flottante et Ryad, dans son sillage, les émirats de la péninsule, complices et bientôt concurrents. La légitime exaspération des peuples arabes envers de féroces caporaux du lucre qui avaient de toutes les façons cessé d'être utiles à l'Occident pour endiguer le communisme a débouché sur un printemps dont le déclenchement devait peut-être à la convivialité des réseaux sociaux, mais dont les causes tenaient à un croisement fulminant : le pic des jeunes classes d'âge au sein de la transition démographique et la hausse des produits alimentaires à cause du réchauffement climatique, d'un côté, la baisse de l'emploi consécutive à une mutation industrielle avortée et l'amenuisement des solidarités traditionnelles en raison d'une urbanisation anarchique, de l'autre. Les révolutions advenant au point de décrochage entre les progrès formels et les progrès réels, point où l'éducation permet de comprendre son infortune mais ne suffit pas à la surmonter, il y avait fort à parier que, entre l'attirance et la répugnance pour la société mondiale de marché, l'inaccessibilité de cette dernière trancherait, suscitant une rancune aggravée – ce qui est arrivé.

Loin de répéter 1848, le mouvement a été vite cantonné à des nœuds névralgiques dont l'intervention en Libye a masqué l'importance sans toutefois déroger à la séquence : soucieux de préserver une dictature sans conteste folle et sanguinaire, Kadhafi tâcha de former, la finançant à grands fonds, une internationale islamique rivale du salafisme, dont l'Afrique devait être le premier champ d'action et sur laquelle la France fit plus que penser à s'appuyer avant de se résoudre à l'éliminer. Dans le reste de la sphère sunnite, l'aspiration démocratique a profité à l'avancement des Frères musulmans quand leur accès au pouvoir ne s'en est trouvé favorisé, comme en Tunisie et en Égypte, par les ambassades américaines qui, assurées de la neutralité de l'armée et de ses cadres formés à West Point, se sont enferrées dans ce calcul jusqu'à ce que la contestation populaire vienne le contrecarrer. Mais c'est sur la ligne de fracture entre les deux mondes musulmans qu'éclatent les véritables enjeux géopolitiques du Printemps arabe : au Yémen où les monarchies du Golfe interviennent, forcent au départ le président Saleh, un laïciste d'origine chiite, et imposent un nouveau gouvernement qui adhère à la coalition régionale contre Téhéran ; à Bahreïn où elles envoient des troupes pour sauver l'émir sunnite al-Khalifa de la révolte du peuple majoritairement chiite ; en Irak où les troubles mènent à l'affaiblissement du président Jalal Talabani, kurde, ex-marxiste, fédéraliste, qui aura pour successeur Fouad Massoum, ancien étudiant à l'université coranique et sunnite d'al-Azhar, au Caire ; en Syrie où les Frères musulmans attisent les premières manifestations en courant à l'affrontement armé, puis captent, dès sa création, le Conseil national censé rassembler l'opposition, avec la suite que l'on connaît – je ne prétends pas que ce soit là l'explication unique de tous ces événements, ou qu'il faille voir dans cet ensemble un plan intentionnel, mais j'en constate la dynamique uniforme, reconnaissant volontiers qu'elle dépasse ceux qui en sont les acteurs.

Au sein de cette guerre qui n'est pas la leur, qui est interne à l'islam, mais qui ne saurait leur être indifférente puisqu'il leur faut vivre et survivre dans un monde à dominante musulmane, il est donc des chrétiens qui, au Liban, en Syrie et même en Irak pour ce qu'il leur reste de voix, ont fait le choix de s'allier aux chiites – voilà de quoi aggraver non leur cas ni leur cause, inexistante, mais leur image dans un Occident qui a pris l'option inverse –, dommage dont ils acceptent vraisemblablement l'augure, car ils n'attendent plus rien de lui. Une première évidence veut qu'aujourd'hui les chrétiens d'Orient meurent de la main de sunnites dont on dira bien sûr qu'ils ne le sont pas, sans jamais obtenir pour autant une condamnation définitive du Djihad ; une autre est qu'ils souffrent avec les chiites des mêmes persécutions, quand ils ne bénéficient pas de leur secours – leur indifférence placide étant plutôt bienvenue. Une troisième évidence est que, arrivant impromptu à Téhéran, le voyageur désireux de prier ou de méditer ailleurs que dans une mosquée, fût-elle la munificente Sepahsalar, au coin du Grand Bazar, pourra se rendre à l'office à la basilique Sourp Gevork, au temple des Rhénans ou à la synagogue Yossefabad, alors qu'à l'aéroport de Djeddah on lui confisquera sa bible, ses ornements et ustensiles liturgiques s'il est prêtre, l'Arabie saoudite proscrivant tout culte qui n'est pas musulman : c'est la Constitution iranienne qui prévoit des postes de députés pour les chrétiens, les juifs, les zoroastriens, et c'est la saoudienne qui assimile la manifestation d'une quelconque forme de liberté religieuse, hors la Sunna, à une profanation passible de la peine capitale. Mais, plutôt que de continuer à égrener ces évidences – quoiqu'il soit bon de les répéter, tant il arrive qu'elles soient ignorées ou que, connues, elles soient dédaignées –, allons au fait, qui est à nouveau d'ordre théologique.

À la différence de la clôture sunnite sur le Coran, la Loi et la répétition, le chiisme représente un islam de la prophétie, de la médiation et de l'interprétation. Parce que pensée du milieu entre Dieu et l'homme, le visible et l'invisible, l'apparent et le secret, la théologie chiite rouvre l'histoire à l'attente d'une délivrance incarnée. Dès lors, la révélation n'est pas achevée par la Parole divine, mais continuée par l'existence humaine. Elle se décline dans ces formes de l'intermédiaire que sont l'image, la sainteté, le clergé, mais aussi la philosophie, l'art, le gouvernement de la société. Elle ordonne le monde, mais elle prend également part à la souffrance du monde. Elle suscite l'extase des mystiques, mais elle encourage aussi le combat pour la justice, légitime la révolte contre le scandale du mal qui frappe le déshérité, l'opprimé, le vulnérable. Toutes ces dimensions que récapitule la figure de l'imam caché, qui a été occulté mais qui doit revenir, font du chiisme un messianisme en cousinage avec le christianisme – plus singulièrement encore le christianisme oriental, la proximité intellectuelle se doublant ici d'une familiarité dans la prière et le rite. Une telle structuration métaphysique ne peut aller sans produire un rapport à la politique et à la culture à rebours du rigorisme déshumanisant du sunnisme, *a fortiori* du salafisme, de ses principes théocratiques et de ses pratiques iconoclastes : la révolution iranienne elle-même, bien que s'affirmant islamiste, n'a pas cherché à reproduire le califat, mais à inventer une république ; elle n'a pas confiné les femmes, mais a endossé le féminisme ; elle n'a pas interdit la création, mais a laissé s'épanouir une industrie du cinéma qui, en volume et en qualité, compte parmi les toutes premières de la planète. Pour ceux qui douteraient de ces autres évidences et les confondraient avec une vision candide ou, pire, une manière de propagande en faveur d'un régime par ailleurs atroce – ce dont je crois faire mieux que convenir pour m'y être publiquement opposé –, il ne me reste qu'à leur conseiller d'y aller voir et, pour l'heure, d'accepter l'idée que le fonds religieux d'une civilisation en conforme jusqu'aux avaries et leur résiste par toutes sortes de faux paradoxes.

Les chrétiens d'Orient qui ont décidé de s'allier au chiisme savent que ce choix les isole de l'Occident dont croient se rapprocher, au contraire, ceux de leurs frères qui s'en remettent au sunnisme auquel le même Occident a délégué, avec plus ou moins de cynisme, une improbable mission de progrès, mais ils ont la conviction que seul ce choix est susceptible de leur garder ou leur rendre le monde qui est le leur, monde que, jusqu'à la dernière limite, ils n'entendent pas déserter, car ils y sont chez eux et seraient partout ailleurs des étrangers. Sans doute faut-il voir dans cette croyance primitive en l'enracinement, en l'heureuse finitude de la naissance, en la matérialité sacrée des temps et des lieux qui font l'humanité de l'homme, le sceau d'une malédiction qui les a arrachés à leur maison, jetés sur les routes, amputés de leur piété dans sa part la plus charnelle, en tant que préfiguration du grand peuple des nomades, sans origine et sans destination, sans plus de larmes à verser, mais condamnés pour l'éternité à parcourir en rond la terre que prépare la mondialisation – malédiction de Caïn dans la Bible, à la main entachée du sang de son crime, en châtiment du meurtre qu'il a commis, alors que, là, ce sont des assassins qui pourchassent le sang des chrétiens d'Orient.

V

Le désert pour citadelle

« C’est là qu’il a vécu, c’est là qu’il veut mourir. » Le cri a traversé Troie abandonnée à la nuit, le temps encore que les vainqueurs traquent les survivants, tuent les hommes demeurés debout, les quelques-uns qui avancent, gorge offerte, à trop savoir que c’en est fini du combat, d’eux, de la vie, ils achèvent les femmes et les enfants qui restent et courent à leur perte en croyant chercher le salut ou qui rampent à terre, blessés, déjà à l’agonie, toujours à supplier d’être épargnés du dernier coup que l’on nomme de grâce, le fer qui s’abat rompant le corps comme le dieu fond sur l’âme et la ravit. « L’exil pour lui serait pire que la mort. » Le cri a retenti avant d’aller s’éteindre avec les rougeoiements dans la ténèbre. Infidèle à sa parole pour s’être fié à la voix maternelle, aimante, qui lui a ordonné de trouver les siens, de les prendre avec lui, de les mener ailleurs et qui les y mène, père, fils et autres, dans les vapeurs sulfureuses de l'aube, l'âcre fumée des brasiers près de s'éteindre qui brouillent la vue, le silence terrifiant, après les pleurs et les gémissements, qui trouble l'esprit, Énée quête du regard Créuse, sa compagne, qui fermait le cortège, il s'en retourne sur ses pas pour la ramener, la voit apparaître telle une ombre, s'approche d'elle, tâche par trois fois de la saisir, alors que se dérobe à lui le spectre de celle qui n'est plus et qui, à son tour, d'une voix aimante, maternelle, lui intime de se sauver, de sauver son père, de sauver leur fils, retenue qu'elle est à tout jamais dans les cendres sans pouvoir le retenir, lui, Énée, de l'ailleurs où le destin le mène. Pour Virgile dont l'œuvre, elle-même interrompue, raconte les ultimes instants de la cité maudite que ne rapportent ni l'*Iliade*, ni l'*Odyssée*, le dernier Troyen doit laisser derrière lui Créuse, car l'attend un autre foyer qu'il aura à fonder afin de refonder, par une autre descendance, la gloire de sa maison, la promesse d'une lignée. Mais nombre des innombrables romans médiévaux sur la destruction d'Ilion portraitureront le héros en traître égaré dans sa fuite éperdue plutôt que d'avoir perdu l'un des siens. La fatalité, lorsqu'elle se referme, est un couperet. Les fantômes des carnages ne font pas que fréquenter les décombres de l'histoire, ils hantent aussi la mémoire en ruine des survivants.

Pourquoi se soucie-t-on des chrétiens d'Orient uniquement lorsqu'ils sont à l'agonie ? La question me revient, lancinante. J'en sais les réponses qui ne l'épuisent pas : qu'à parler d'eux nous ne parlons que de nous-mêmes ; que l'islamisme invivable qui les étreint nous sert à désigner l'islam avec lequel il nous faut vivre ; que leur impossible survie dans les faits nous permet d'exciter notre angoisse et notre désir de survivre dans l'imaginaire ; qu'il est bon d'évoquer leur drame pour évacuer notre culpabilité, de les plaindre pour mieux les oublier et d'éradiquer ainsi une fois pour toutes, la main sur le cœur, la mémoire de nos propres oublis. Le scandale n'est pas nouveau. Il atteint aujourd'hui son acmé. Le mauvais effet de miroir n'en est que plus calamiteux.

Pendant les deux à trois décennies qui rendirent transhumantes, à bas prix et à faible risque, des classes moyennes toujours plus ignorantes d'être en voyage vers une quelconque destination surnaturelle, des millions de touristes vinrent chaque année en Égypte tutoyer les pharaons, houspiller les fellahs, abominer les muezzins, sans jamais s'attarder aux églises et monastères coptes, couvrant ainsi d'un or bleu corrodant les plaies d'un pays croulant sous une pauvreté abyssale et une guerre civile larvée dont un gouvernement corrompu imputait inlassablement la faute à l'étranger. Il fallut l'attentat du 31 décembre 2010 contre la paroisse Al-Qiddissine, à Alexandrie, qui endeuilla les bombances et feux du réveillon de vingt et un cadavres carbonisés, pour que l'opinion en Occident commençât à relever l'existence et la tragédie de la première des minorités nationales en Orient, chrétiennes comme non chrétiennes, en ce pays de déserts coupés par le Nil qui s'apparente au Levant et qui en diffère, arabe mais fiché à l'encoignure de l'Afrique, jadis ottoman mais bien plus tôt indépendant. Toute légitime qu'elle fût, l'émotion que souleva ce drame charria des présupposés, raccourcis et amalgames immotivés qui avaient néanmoins pour eux que les représentations, interprétations et reconstructions des coptes eux-mêmes les confortaient – redondance déroutante que j'interrogeai alors à l'occasion d'une tribune que Joseph Macé-Scaron, toujours solidaire de l'Orient chrétien et soucieux de cet enjeu crucial, accueillit amicalement, comme il fit pour tant d'autres, redondance donc qui m'interroge encore et m'oblige de concéder ici au détail en un chapitre distinct, à dérouler leur histoire de zéro pour ce qu'elle dit d'eux, mais suggère aussi de traits communs aux christianismes orientaux.

Loin de Rome, loin de Constantinople, loin de Genève, il est bien une Église d'Alexandrie qui fut le berceau de la catéchèse, de l'ascèse et de l'exégèse chrétiennes. Une Église apostolique que fonda l'évangéliste Marc dans la cité lagunaire, entre mer et delta, que, selon Plutarque, Alexandre voulut bâtir en souvenir d'un vers d'Homère évoquant Pharos comme « le promontoire du monde » ; dans la ville cosmopolite qu'en firent les Ptolémées, ses successeurs, en accueillant les philosophies grecques, les mystiques juives, les gnoses de tous bords au sein d'une bibliothèque qui, d'après Épiphane, « suscitait l'envie de tous les rois de la Terre » ; dans le plus vaste des ports connus qu'y édifia Octavien après avoir défait Cléopâtre, « déité vivante et reine aimante de sa patrie » dont le suicide mit fin à l'ère hellénistique et valut au fils adoptif de César, devenu maître de l'entière Méditerranée, le titre hiératique d'Auguste, de « divin augure dont le présage a force de prodige », qu'il préféra, suivant Suétone, à celui de « nouveau Romulus ». Une Église martyre qui fut le point de mire des dernières grandes persécutions romaines dont, après celles de Dèce, puis de Valérien, l'ultime et la plus meurtrière, qu'ordonna Dioclétien et qui causa des pertes par milliers aux chrétiens d'Égypte, à tel point qu'ils firent débuter leur calendrier non pas à la date présumée de la Nativité, mais le 11 septembre 284, jour de l'accession au pouvoir de « l'Antéchrist aux légions innombrables ». Une Église dominante qui donna au christianisme sa première école, la Didascalée, où Origène, qui s'était fait « eunuque pour le Royaume », enseignait les quatre sens de l'Écriture comme les piliers de la Création ; ses premiers moines qui, imitant la fuite d'Antoine, partirent au désert et, « donnant leur sang pour recevoir l'esprit », s'instituèrent martyrs et prophètes d'un temps de tiédeur qui eût, sinon, laissé accroire que la parousie pouvait se suffire de l'afflux des multitudes et de l'assentiment des masses ; son premier Docteur, en la personne d'Athanase, la « colonne de vérité », qui, solitaire, exilé, pourchassé, défendit le dogme contre le reste de l'univers, les souverains, les peuples, mais aussi les évêques qui entendaient s'arranger du siècle – la sainteté achevée n'étant pas de souffrir pour l'Église, mais par l'Église. Toutes choses qui, un jour passé, dans cette métropole disparue, fondèrent la foi chrétienne et la refonderont chaque jour à venir qu'il sera, sur quelque continent, un étudiant en théologie, un novice dans un monastère, un postulant au sacerdoce pour les remémorer, enjambant ainsi des milles et des éons, pour employer le vocabulaire de l'antiquité tardive.

Mais, au jour présent, le long des rives du Nil, à quelle Église matutinale d'Alexandrie renvoie le crépuscule de l'Église copte ? De quel sablier faudrait-il disposer pour minuter le passage de la splendeur d'avant-hier à l'anonymat d'aujourd'hui ? La cathédrale patriarcale en laquelle avait été changé le monumental Césaréum, qui fut abandonnée après la conquête arabe, exploitée au fil des siècles pour bâtir les taudis dont on la recouvrait, amputée à la Belle Époque de ses obélisques, transférés au bord de la Tamise et de l'Hudson River, enterrée après la Seconde Guerre sous les carcasses d'acier du garage *Lux* et du cinéma *Park*, n'est plus qu'un amoncellement de cailloux que des archéologues français ont momentanément sauvé, en l'an 2000, des coulées de béton que leur réservaient, temple pour temple, les promoteurs d'un centre commercial, alors que, trace pour trace, avec un peu de patience, un œil exercé finira par discerner à l'entour, comme cachée parmi les immeubles lépreux et les minarets rutilants, une chapelle discrète devant laquelle jouent des enfants tatoués d'une croix au poignet – marqués ainsi dès leur naissance afin que leur chair même serve, mieux que la pierre, d'épitaphe. À ces gamins égyptiens, en tout comme les autres et en rien comme les autres, que raconteraient, s'il était en leur pouvoir de revenir et de parler, ombre pour ombre, les fantômes du cimetière patriarcal dont on avait même oublié qu'il avait existé avant que les fouilles ne l'exhument d'une longue nuit ? C'est là, précisée, ma question.

Antoine et Athanase sont contemporains de ce siècle appelé à compter comme le quatrième de l'ère chrétienne au cours duquel la proclamation de l'édit de tolérance par Constantin, puis l'octroi du statut de foi officielle par Théodose mettent un terme à l'affrontement tricentenaire entre Rome et le christianisme – conflit qui, hors les intermissions, parut apocalyptique de part et d'autre en ce que les chrétiens, que les polémistes latins accusaient non sans raison d'être des athées, désacralisaient la cosmologie païenne, dérogeaient au syncrétisme ambiant, destituaient le culte césarien ou, pour le dire d'une formule, subvertissaient la logique du monde en posant la transcendance de la charité comme la part incessible de l'humanité, et, en cela, semblaient précipiter la fin du monde. La paix religieuse advenue, l'ajustement spirituel de l'Empire à l'Église et la conformation administrative de l'Église à l'Empire vont désormais aller de pair. Mais, devenu impérial, le christianisme n'en reste pas moins oriental. Le système de la pentarchie, des cinq patriarcats majeurs, dont l'ordonnancement canonique recoupe l'ordre politique, le montre : forte de son prestige, Rome garde l'exercice d'une primauté entre égaux, mais le déplacement de la capitale à Constantinople, à la confluence de l'Occident et de l'Orient, l'ouverture d'Alexandrie sur l'Afrique et d'Antioche sur l'Asie, la promotion de Jérusalem en lieu de pèlerinage, redoublent ce caractère originel – à l'exception de l'Irlande, ou plutôt de l'Hibernie, de son nom d'alors, dont le monachisme celte se réclamait des déserts d'Égypte par quelque filiation mystérieuse mais probante, il faudra attendre deux à trois siècles pour que l'Europe du Nord soit évangélisée.

Alors que l'Empire a voulu réaffirmer son fondement théologico-politique en adoptant la Croix, les dissensions de doctrine et les luttes d'influence entre les sièges patriarcaux se révèlent vite un péril pour son unité. Les disciples du Christ se montrant divisés, il revient à César de les réunir. Inhérente au christianisme depuis la communauté primitive, la conciliarité va donner lieu à la première forme institutionnelle de concertation internationale. Converti, mais retardant le baptême sur son lit de mort en vertu d'un prudent pari sur les liens intrinsèques du pouvoir et du péché, Constantin décide de convoquer un concile général – il me faut traduire ici à l'usage des incroyants, mais aussi des croyants, tant il est d'alluvions qui invitent au décapage : ce concile sera œcuménique (impérial) en ce qu'il réunira l'ensemble des évêques (à tout le moins les présents) venus des divers horizons de l'Œcumène (guère au-delà de l'orbe romain) afin qu'ils définissent la foi catholique (valant disciplinairement pour tous et partout) en tant que foi orthodoxe (validant l'excommunication de fait des réfractaires). Eu égard aux synodes antérieurs, tous provinciaux, la modification n'est pas que d'échelle : l'égalité des Églises locales en grâce implique leur cohérence et cohésion en droit, lesquelles deviendront sujet à consensus en Orient et objet d'administration en Occident. Pour l'heure, et pour quelque temps encore, le statut anciennement dogmatique et spirituel de l'hérésie s'en trouve lesté d'une signification politique : en grec, l'*hairesis* désigne l'arbitraire du choix qui coupe dans la complétude, la fractionne et démembre – ce qu'indique aussi le latin *secta*, pareillement dérivé du vocabulaire de la chasse et renvoyant à la capture et au dépeçage, au risque d'induire qu'il suffit de retrancher ce qui tranche pour que l'unité se reconstitue. Or, l'Église et l'Empire entendent différemment la réalité conciliaire. Pour la première, il s'agit de circonscrire l'ineffable de la révélation divine dans la relativité du langage humain en façonnant des signes de communion à usage universel – dont la réception (ou non) par le peuple et sur la durée est l'ultime critère de vérité. Pour le second, l'urgence est à l'extinction des factions que prédétermine, quoi qu'il en soit, l'efficience des moyens mis en œuvre. Pour l'Église, la conciliarité ne crée pas l'unité, mais la manifeste. Rien de moins sûr que l'Empire le comprenne ainsi. C'est dans cet écart que les christianismes orientaux trouveront matière et motif à bifurquer.

Les sept premiers conciles œcuméniques se tiendront tous en Asie Mineure, sur le territoire de l'actuelle Turquie, ajoutant ainsi un Orient intérieur au Levant. Ils porteront tous sur la même question : qui est celui que le *kérygme* – le noyau essentiel de la foi des apôtres que transmettent les Évangiles – proclame comme « le Verbe fait chair, mort et ressuscité », une démarche herméneutique que ne renieraient conformément pas les meilleurs exégètes d'aujourd'hui, qui ne pensent plus devoir opposer le Jésus de l'histoire et le Christ de la foi, à rebours des publicistes attardés qui n'ont pas fini de digérer une *Wissenschaft* rustaude et périmée. Ils déclineront un à un tous les aspects de son identité, la nature, la personne, la conscience, la volonté, l'image, en croisant les instances du messianisme juif et les catégories de l'anthropologie grecque, soit les cultures dominantes de l'époque, mais aussi les langues et vocabulaires qui ont façonné le message qui les occupe, passant les unes et les autres au crible d'une conception radicale de l'Incarnation selon lequel « ce qui n'est pas assumé par la divinité ne peut être sauvé de l'humanité ». Ce cycle christologique se conclura au VIIIe siècle, à la veille de la séparation entre les deux Europe ; symptomatiquement, le cycle byzantin qui suivra portera sur le Saint-Esprit et l'expérience de Dieu, tandis que le monde latin, de son côté, mènera le sien sur l'Église et la constitution du magistère. Entre-temps, la volonté impériale d'« œcuménisme » aura provoqué les premiers grands schismes de l'histoire chrétienne, soit dix siècles avant la Réforme pour qui ne renâcle pas à sortir de son terrier…

Les conciles de Nicée en 325 et de Constantinople en 381 formulent le symbole de foi appelé à demeurer commun aux Églises historiques : le Credo que partagent aujourd'hui encore orthodoxes, catholiques et protestants, à savoir un être humain sur trois. L'arianisme, que les Pères conciliaires ont combattu et condamné pour son attrition de la divinité du Verbe, et donc de la Trinité, finira par disparaître dans sa forme constituée, à défaut de l'être en tant qu'inévitable tendance et tentation récurrente de l'entendement, mais il y aurait trop à faire à commenter un tel sujet. Les deux conciles suivants, Éphèse en 431 et Chalcédoine en 451, vont au contraire causer deux scissions majeures. Ils consacreront l'antagonisme entre Alexandrie, dont l'hellénisme commande l'insistance mise sur la ferveur mystique, l'exégèse allégorique, la divinité du Christ, et Antioche dont le sémitisme régit la préférence pour l'engagement social, l'exégèse littérale, l'humanité de Jésus – à tout le moins dans leurs méthodes respectives, puisque les Antiochiens, à l'épreuve du débat, se montreront empreints de fixité ontologique ou, plus simplement, moins agiles dans l'abstraction. Il en ressortira que les « hérétiques » s'effacent lorsqu'ils découlent d'une pure mouvance intellectuelle, mais cristallisent de durables dissidences lorsqu'ils relèvent de communautés culturelles, les raisons ou déraisons théologiques n'en précédant pas moins les justifications temporelles – première leçon d'une hérésiologie que je mène ici à contre-courant, et la principale.

Au ve siècle, alors que les invasions barbares ravagent l'Occident, que Rome est mise à sac, que l'Empire se replie vers l'Orient et que Constantinople en devient la citadelle, Cyrille d'Alexandrie s'efforce d'étendre à la Méditerranée le pouvoir théocratique qu'il exerce sur l'Égypte – sa titulature n'indique-t-elle pas qu'il est « archevêque et pape de la mégalopole alexandrine et de la chaire de Marc, patriarche de la Pentapole, de l'Abyssinie et de toute l'Afrique, père des pères, pasteur des pasteurs, prélat des prélats, treizième apôtre et juge de tout l'univers » ? Il s'inscrit ainsi dans les pas de Théophile, son oncle et prédécesseur, dont il poursuit la politique brutale, mais dont le distingue un sûr instinct théologique.

Ce fut sous le pontificat de Théophile que le Sérapéum, le temple de Sérapis, fut rasé lors d'une émeute populaire contre les idoles, leurs aruspices et leurs sortilèges. C'est au début du pontificat de Cyrille que la philosophe néoplatonicienne Hypatie est lynchée par les Parabalanis, confrérie plébéienne tournée en milice patriarcale, au motif que la vierge et maîtresse des cénacles aurait encouragé le préfet Oreste, païen comme elle, à se montrer insoumis au pape. Ce fut Théophile qui embrasa Nitrie, la terre natale des anachorètes, en persécutant la communauté intellectualiste des Longs Frères au profit des milieux plus frustes qui accusaient ces disciples d'Évagre le Pontique, le psychologue du désert, d'avoir adopté la cosmologie d'Origène entre-temps frappée d'hérésie : débordant à l'ouest et à l'est, la dispute mena l'un des réprouvés, Jean Cassien, à Marseille où il devait jeter les fondations du monachisme occidental ; elle brouilla la hiérarchie de Jérusalem avec Épiphane de Salamine, le métropolite de Chypre, auteur du *Panarion*, « la Pharmacie contre toutes les hérésies » ; elle ruina à Bethléem l'amitié de Rufin d'Aquilée, le chroniqueur ecclésiastique, et de Jérôme de Stridon, le traducteur de la Vulgate latine. C'est Cyrille qui recrute dans les mêmes colonies monastiques fanatisées des bataillons prêts à débarquer en ville au moindre de ses soupirs exaspérés. C'est Théophile qui tâche de ravaler le siège de Constantinople en ourdissant avec l'impératrice Eudoxie la déposition de l'archevêque Jean, brillant prédicateur formé à l'école d'Antioche, coupable à leurs yeux d'avoir secouru les Longs Frères pour l'un, d'avoir sermonné la Cour pour l'autre, et sauvé in extremis de cette conspiration par le petit peuple de la capitale qui vénérait en lui une « bouche d'or » – en grec, Chrysostome, surnom que retiendront les éphémérides de la sainteté et les annales de l'histoire. C'est Cyrille qui trouvera l'occasion de venger Théophile par l'accession au trône patriarcal de la Nouvelle Rome d'un autre homéliste antiochien, Nestorius, infiniment plus laborieux et moins aimé que le précédent, tout aussi appelé à demeurer dans la postérité quoiqu'au titre d'une légende noire.

Aversions et rancœurs plombent, mais n'altèrent pas l'authenticité des querelles. Celle qui vient sera décisive pour la foi chrétienne, les divers mondes qui en découleront, et Cyrille s'y montrera visionnaire sans se départir une seconde de sa violence et de sa rouerie, ce qui lui vaudra de partager avec Chrysostome le même nimbe sur les mêmes fresques où l'Église range l'un après l'autre ses Docteurs.

Un peu de théologie à esquisser et beaucoup de péripéties à relater, mais qui n'ont d'accidentel que l'apparence, sont ici indispensables pour comprendre ce que fut l'Orient dans la genèse du christianisme : loin de nuire à mon propos en le détournant vers un exposé exotique ou fastidieux pour qui le méconnaît mais se satisfera peut-être de ne plus l'ignorer s'il accepte d'aller au bout, ayant appris au passage quelque épisode fondateur de sa culture, cette page d'histoire l'étaie et le sert, car elle constitue, pour les coptes et les autres chrétiens orientaux, le récit de leurs origines, leur album de famille, ce passé qui ne passe pas, qui emplit un présent qui se dérobe et qu'ils préfèrent habiter en ruminant chacun de ses détails – et moi à leur suite pour les y rattraper !

En ce ve siècle, Marie, d'objet de louange, devient sujet de dogme en tant qu'elle est mère de son fils, mais aussi fille de son fils en vertu du renversement entre l'éternité et le temps que suppose l'événement de l'Incarnation. Pour Nestorius, elle est *anthropotokos*, génitrice de l'homme Jésus, ou au mieux *Christotokos*, génitrice du Christ, mais elle ne saurait être dite *Théotokos*, génitrice de Dieu, à moins d'une contradiction insoutenable quant à la nature divine : comment une créature pourrait-elle donner la vie à l'incréé ? Or, pour Cyrille, elle ne peut être que *Théotokos*, sinon le salut n'est qu'un simulacre : il y a « une seule nature du Verbe incarné » au sens non pas strict de *physis*, de pure nature, de l'essence, mais de l'identité une et de l'unique réalité du même être qui prend chair, naît, grandit, meurt, expérimente le pâtir de l'existence, la faim, la soif, la veille, l'amitié, la trahison, la déréliction – et l'agonie. Les échanges de lettres se poursuivent, la dispute monte, devient publique. Pris à partie, Célestin, pape de Rome, sort de son rôle d'arbitre et, après avoir consulté Jean Cassien pour sa connaissance intime de l'Orient, manifeste son soutien au pape d'Alexandrie : l'axe traditionnel entre les deux sièges, éprouvé de longue date, est reformé. Théodose II, empereur débonnaire et lecteur plus friand de codes juridiques que de traités doctrinaux, doit se résoudre à convoquer le concile.

Le 22 juin 431, à Ephèse, sur les lieux mêmes du temple détruit d'Artémis dont les colonnes orneront un jour Sainte-Sophie, Cyrille, fort des cinquante évêques qui l'accompagnent, du mandat de président que lui a confié Célestin et du fait d'être le premier arrivé, ouvre les travaux sans plus attendre. D'emblée, Nestorius, peu entouré au point de sembler isolé, est placé en état de comparution : le concile n'entend rien concilier, mais a tout d'un tribunal. Plusieurs jours passent, houleux, avant que n'arrivent les délégués d'Antioche, furieux de constater que l'affaire est réglée, qu'elle l'a été en leur absence, voire avant même que le concile n'ait été réuni – alors que l'un des leurs et, à travers lui, leur propre théologie sont visés. Les actes finaux sont prêts et n'ont plus qu'à être entérinés. On y voit la main de Cyrille, élevant le titre de *Théotokos* au rang de dogme, et celle de Célestin, qui complète le Symbole de foi d'une précision essentielle annonçant la suite et ses complications : « le Christ est consubstantiel à son Père selon la divinité, consubstantiel à nous selon l'humanité », ce qui conduit à postuler qu'il est une double nature en Christ, ce que Cyrille ne conteste pas, ou plutôt ne pense pas à contester, peut-être même ne contesterait pas s'il y pensait, mais que, toutefois, ses successeurs et disciples contesteront et ne penseront plus qu'à contester par fidélité à sa formule. C'est néanmoins d'une même main que les deux papes excommunient Nestorius, le condamnent à être réduit à l'état laïc et à devoir vivre en exil, non sans l'avoir traité d'« hérésiarque » (qui est à l'hérétique ce que le monarque est au monarchiste).

Théodose abandonne à regret mais sans remords le prédicateur qu'il s'était choisi. Outragé et désabusé, Jean, patriarche d'Antioche, rompt solennellement la communion avec Cyrille. La décision est si extrême qu'il sera obligé de se réconcilier avec celui qu'il traitera de malfaiteur, deux années plus tard, contre l'avis de plusieurs membres de son synode, dont Théodoret de Cyr, bon exégète, écrivain ecclésiastique réputé et le plus éminent disciple de Théodore de Mopsueste, lui-même fondateur et maître de l'école d'Antioche. C'est cependant dans cet Orient de l'Orient qu'est la Perse que les répercussions d'Éphèse sont irrémédiables : pressés depuis longtemps par les zoroastriens de se désolidariser de l'Empire romain, les assyriens vont faire de Nestorius, dont ils partagent la culture théologique, l'étendard de leur indépendance, et propager leur révolte en Mésopotamie : la première grande hérésie durable est fixée, le premier grand schisme est enclenché, et avec eux émerge la première Église orientale séparée.

Contresignée comme éternelle, la paix entre Alexandrie et Antioche ne connaîtra pas d'avenir. Une dizaine d'années après Éphèse, alors que les protagonistes ont changé, mais que les positions demeurent, le moine Eutychès, qui fait carrière à Constantinople, remet le feu aux poudres. Tordant la formule de Cyrille, la radicalisant, la contrefaisant, il enseigne qu'il est et ne peut être qu'une seule nature du Christ, divine et uniquement divine, puisque la divinité absorbe nécessairement l'humanité et l'humanité se dissout nécessairement dans la divinité à l'instant même de l'Incarnation. Si mécanique que ressorte ce raisonnement, il trahit une difficulté commune à penser que, à moins de pouvoir s'accomplir dans la liberté illimitée de l'impuissance, la toute-puissance divine n'est qu'une limitation. Le problème est qu'Eutychès parraine spirituellement l'eunuque Chrysaphios, confident et éminence grise de Théodose, maître du Palais et donc fondé de pouvoir sur l'Empire, ce qui confère à sa thèse une importance et un retentissement sans rapport avec sa rusticité et son absurdité. L'affaire fait vite le tour de la Méditerranée : imprécation du patriarche d'Antioche Domnus contre Eutychès, condamnation d'Eutychès par le patriarche de Constantinople, Flavien, absolution d'Eutychès par le pape d'Alexandrie, Dioscore, neveu et successeur de Cyrille, excommunication d'Eutychès par le pape de Rome, Léon, accusations d'hérésie visant Flavien et Léon par Dioscore, et visant Dioscore par Léon et Flavien. Fini le temps où Cyrille faisait la loi. Dioscore tente de rééditer en 449 la dramaturgie d'Éphèse dans le même théâtre, avec les mêmes figurants, sur le même canevas, mais sans le talent scénique et la légitimité théologique de son oncle à interpréter les monologues doctrinaux. Alexandrie se heurte au front commun que lui opposent les Églises qui dénoncent « un brigandage » dans ce conciliabule. Une convocation œcuménique est nécessaire, vingt ans à peine après la précédente. L'assemblée se tiendra à Chalcédoine, dans les faubourgs de Constantinople, et verra s'imposer l'alliance qu'ont contractée les deux Rome, l'ancienne et la nouvelle capitale impériale.

En octobre 451, les travaux conciliaires s'ouvrent dans la confusion. Théodoret de Cyr, l'Antiochien réfractaire, est sommé de souscrire publiquement au dogme de « Marie mère de Dieu » s'il veut siéger ; il s'exécute du bout des lèvres. Dioscore, qui s'agite dans les couloirs, maniant promesses et intimidations, est exclu pour raison disciplinaire. La délégation alexandrine crie au scandale et au piège cependant que, de leur côté, ferraillent les légats de Rome et les apocrisiaires de Constantinople. Les Latins veulent imposer la formule de Léon selon laquelle le Christ est « une personne en deux natures », tandis que les Grecs tiennent pour la formule « une hypostase en deux natures ». L'enjeu n'est pas nul, la suite le prouvera : d'une langue à l'autre, *persona* équivaut à *prosopon*, qui signifie aussi l'apparence, le masque, le faux-semblant, terme caractéristique de Nestorius qu'il paraît conforter, alors qu'*hypostasis*, emprunté au langage trinitaire, ne laisse planer aucun doute sur l'unicité fondamentale du sujet ; à l'inverse, *natura*, au lieu d'être rendu par *ousia*, « essence », est assimilé à *physis*, notion floue et non moins connotée par l'emploi qu'en a fait Cyrille, qu'elle semble infirmer. Les débats aboutissent à la rédaction d'une déclaration apparemment synthétique où ces ambiguïtés de vocabulaire sont en fait juxtaposées : pour la première fois, un concile ne débouche pas sur une proclamation liturgique, mais sur un communiqué par ailleurs intraduisible en d'autres langues, à moins d'incohérences fatales. Les Antiochiens peuvent en donner une interprétation minimale. Les Alexandrins, les Syriaques, les Arméniens ne peuvent en retirer que la certitude d'une trahison. C'est le coup d'envoi du deuxième grand schisme, de la deuxième grande hérésie et de la deuxième sorte d'Églises orientales séparées.

Autre leçon, mineure, celle-ci : de manière générale, les grands schismes seront établis au nom du conservatisme en Orient et au nom du progressisme en Occident, vraisemblablement en raison d'une appréhension divergente du temps, de deux modélisations différentes de la temporalité du salut et, partant, de l'histoire et de l'individu, rotatif et oblique à l'Est, nivelé et fléché à l'Ouest.

L'engrenage de la fragmentation ne s'arrêtera pas pour autant au ve siècle. Il se poursuivra d'âge en âge et se continue aujourd'hui encore, faisant de la peinture descriptive des chrétiens d'Orient un genre insolite et un métier peu encombré, mais que je me dois de reprendre à ce point, afin, une fois brossé le tableau d'ensemble, d'y mieux retrouver l'Égypte et les coptes, en recommençant par le châssis et en y ajoutant peu à peu les couleurs.

Éphèse, donc, en confirmant l'intuition alexandrine et en condamnant l'approche antiochienne, occasionne la rupture des chrétiens de Perse, l'empire rival de Rome, qui profitent de cet écueil pour régler leur position incommode et se constituer en Église assyrienne, dite « des deux conciles », « de l'Orient », ou, péjorativement, « nestorienne ». Chalcédoine, en paraissant contredire Alexandrie au bénéfice d'Antioche, entraîne l'isolation volontaire de l'Arménie ainsi que la révolte de l'Égypte et de la Syrie à laquelle se joindront leurs implantations missionnaires en Abyssinie et en Inde, aboutissant de la sorte à la formation des Églises arménienne, copte, syriaque, éthiopienne, malabare et malankare, dites « des trois conciles », ou, péjorativement, « monophysites », adjectivées « apostolique » pour l'Arménienne, « unifiée » pour l'Éthiopienne, « orthodoxe » pour les autres.

À peine christianisé, l'Empire vient de perdre, en deux décennies, ses limes orientales, tandis que s'élargit en son centre la fracture entre Rome et Constantinople. Deux siècles de vaines tentatives de répression et de conciliation s'ensuivent, lorsque l'avènement de l'islam fige le destin de l'Orient chrétien, vouant à un cheminement définitivement solitaire ces entités qui en deviennent rapidement étrangères les unes aux autres, même s'il est usuel de les regrouper sous l'intitulé générique d'« Églises anciennes préchalcédoniennes » ou « Églises orthodoxes orientales ». Soumises à la domination musulmane, elles ont de surcroît à coexister, dans tout le Levant, avec les communautés fidèles à Chalcédoine, elles-mêmes satellites de ce qui deviendra l'Église orthodoxe, quoiqu'on les dénomme par commodité « grecques-orthodoxes » alors qu'elles se définissent comme issues de la romanité et que leur cours suivra celui de l'arabité. Une double hiérarchie va ainsi subsister sur les sièges d'Alexandrie, triple dans le cas d'Antioche, durant tout le Moyen Âge et avant d'ultérieures multiplications. La mosaïque complexe qui en ressort achève de se brouiller sous le coup des interventions de l'Occident. Les croisades perturbent une première fois ce glacis en graduant une échelle de proximité, réelle ou affectée, avec l'Europe, qu'illustrent l'adhésion à la papauté du groupe autarcique que forment les maronites, et l'accointance relative que concèdent les Arméniens, pareillement enclins au dialogue, mais plus soucieux de leur autonomie. La quatrième d'entre elles aboutit en 1204 au sac de Constantinople par les croisés, qui marque la rupture définitive entre les deux anciennes capitales impériales : rampant depuis Charlemagne, le schisme a connu des à-coups, mais s'il faut absolument dater la conscience d'une orthodoxie et d'un catholicisme en deux Églises séparées, l'événement y pourvoit. La chute consécutive de Constantinople aux mains des Turcs, qui place l'ensemble des orthodoxes chalcédoniens (hormis les Russes) sous le joug ottoman, entraîne une modification plus substantielle que la reformation de l'ancien périmètre impérial et le rôle prépondérant qu'ils y retrouvent : Rome, dont le combat contre les puissances temporelles a accru le magistère, mais qui a fort à faire avec son propre schisme interne, la Réforme à laquelle elle répond par la Contre-Réforme, choisit d'entreprendre une politique active d'union par le rattachement de pans entiers des christianismes orientaux qui, tout en gardant leurs rites et leurs disciplines, mais à la condition de reconnaître l'autorité de la papauté et de latiniser leur théologie, sont érigés à leur tour en Églises dites « Églises orientales unies », « Églises catholiques orientales », ou, péjorativement, « uniates ».

La nouvelle donne établie au XVe siècle connaît ses pleins effets aux Temps modernes. Deux vagues se succèdent, chacune correspondant à une offensive diplomatique des puissances occidentales contre la Sublime Porte. Au XVIIIe siècle sont établis les patriarcats catholiques syriaque, melkite (ou gréco-catholique), arménien, puis, au XIXe siècle, chaldéen (assyrien) et copte, auxquels se superpose la création de communautés et de hiérarchies strictement romaines dont le patriarcat latin de Jérusalem qui, apparu et disparu avec les croisades, est restauré en 1847. Le mouvement se poursuit au XXe siècle avec l'érection des Églises catholiques syro-malabare, syro-malankare, et, pour finir, en 1961, éthiopienne – je laisse ici de côté les uniatismes du Vieux Continent, ukrainien, ruthène ou roumain, qui relèvent d'un autre monde et d'une autre histoire non moins disputés, mais aussi d'une autre mentalité autrement belliqueuse, comme il appert encore de nos jours. Dans toute la Méditerranée, les orthodoxes, chalcédoniens ou non, voient dans ce prosélytisme qui se présente comme missionnaire une agression fratricide qui les entraîne dans une lutte inégale et aggrave leur fragilité déjà grande. Rome s'appuie sur la diplomatie des monarchies catholiques, dont la France, et les capitulations, droits d'établissement particuliers qu'elles obtiennent au sein de l'Empire ottoman, ce que fera également la Russie, les deux nations chrétiennes finissant par se disputer le titre de protectrice des chrétiens d'Orient. Ils en nourrissent un sentiment obsidional, ainsi que la conviction d'une inimitié fondatrice de l'Occident à leur endroit, dont la rencontre parallèle avec le protestantisme ne les a pas dissuadés – quoique la Réforme, tournée vers l'Atlantique, se soit longtemps montrée plus discrète.

Au mitan du XIXe siècle, toutefois, avec l'expansion coloniale, les Églises luthériennes, calvinistes, épiscopaliennes, presbytériennes prolifèrent en Orient et recrutent en milieu orthodoxe avec le même zèle que les jésuites, quoiqu'à leur manière : en raison de leur conception sécularisée du culte, elles n'entretiennent pas la même confusion identitaire que leurs homologues romaines, mais là où les Latins enjoignent aux Orientaux de devenir catholiques, les réformés les somment de devenir chrétiens – ce qu'explique leur dogme radical du seul salut par la foi. Échapper à l'islam qui soumet la différence à la reconnaissance de sa domination revient ainsi à reconnaître en l'Occident le modèle dominant d'assimilation, que celle-ci procède par annexion ou par absorption.

Au même moment, les christianismes européens entament un cheminement critique qui, à la faveur de l'œcuménisme revivifié par la catastrophe de la Première Guerre mondiale, les fait se distinguer de l'expansion occidentale, réviser ces pratiques et les leur fera finalement condamner comme contraires à « l'union en esprit et vérité », non sans laisser dans un entre-deux malaisé ces communautés de prosélytes latins ou réformés. De surcroît, dans le courant du XXe siècle, celles-ci se confrontent à leur tour à la propagande des baptistes, des évangéliques et des pentecôtistes, qui tend à rendre leur présence, déjà entamée par la décolonisation, marginale au regard de l'essor que connaît cette forme résolument libérale de christianisme. L'Église copte évangélique revendique ainsi trois cent mille fidèles, tous ou presque venus de l'Église copte orthodoxe qui le lui reproche mais dont elle se considère comme l'« aiguillon » en l'obligeant, par cette concurrence, à réviser son « traditionalisme » sans lequel il n'y aurait cependant un seul copte à « reconvertir »...

Aussi est-ce bien sur cette sédimentation malheureuse, par-delà une bigarrure qui paraît d'autant plus fascinante qu'elle semble délibérée, qu'il convient de méditer si l'on veut évoquer la diversité des chrétiens d'Orient chez qui le monde s'est invité avant même la mondialisation, accélérant une atomisation dont le synonyme est l'aliénation : pour en revenir à mon sujet, l'on compte pas moins de quatre patriarches, de huit évêques et de vingt-sept dénominations qui prétendent au titre d'exécuteur testamentaire de l'antique Alexandrie !

Le trône papal d'Alexandrie est précisément vacant en ce début de l'an 452. Déposé par Chalcédoine, Dioscore a été envoyé en exil à Gangres, à la pointe septentrionale de la mer Noire que l'*Iliade* décrivait déjà comme « la terre des mules sauvages ». L'Égypte a perdu son chef, elle entre en résistance. Le petit peuple se rebelle, les marchés, les rues, les églises qui résonnent de disputes sur la *physis* du Verbe incarné deviennent le théâtre de rixes et d'émeutes, tandis que l'autorité préfectorale est battue en brèche par le puissant parti monastique qu'emmène Chenouda, l'« enfant de Dieu », l'« athlète spirituel », l'abbé aux deux mille frères qui lui ont juré obéissance jusqu'au tombeau – et qui accompagna dans sa jeunesse Cyrille à Éphèse. Protérius, nouveau patriarche nommé par Constantinople, doit officier sous la protection de la garde. En 457, à l'approche de la Pâque, la foule envahit la cathédrale, s'empare de l'usurpateur réfugié dans le baptistère, le traîne sur le parvis, le pend et brûle son cadavre. Au même moment, dans le sanctuaire, le moine Timothée, dit « le Chat », sorti du désert où il a vécu caché après avoir été promu antipape, concélèbre la liturgie avec Pierre l'Ibère, l'agent secret de la cause, recherché par la police impériale et venu clandestinement de Palestine. Cet aristocrate géorgien, un temps ermite à Gaza, consacré évêque par les dissidents, figure parmi les auteurs hypothétiques du corpus néoplatonicien réuni sous le pseudonyme de Denys l'Aréopagite, le disciple de Paul à Athènes, qui sera l'œuvre la plus commentée du Moyen Âge. Les troupes dépêchées en urgence restaurent l'ordre, « le Chat » est à son tour exilé à Gangres, mais à la Noël 475 il revient triomphalement à Alexandrie pour occuper un siège qu'un nouveau soulèvement populaire a de nouveau laissé vacant et que nul, cette fois, ne lui contestera.

Au cours des siècles suivants, la politique impériale se contentera ainsi d'alterner pétition d'unité et expédition militaire. En 482, Zénon soumet à la signature des évêques l'Hénotique, un formulaire de compromis si vague qu'il accomplit la prouesse d'être rejeté par les deux camps. Anastase, qui lui succède en 491, professe une stricte neutralité qui, au lieu de les apaiser, exacerbe les passions – le chroniqueur antiochien Jean Malalas propagera la légende de sa mort, méritée, d'un coup de foudre tombé du ciel. Au contraire de son prédécesseur, Justin se veut un chalcédonien zélé et lance en 518 une vaste offensive dont le but est « d'extirper le schisme » – et qui l'accroît. Constatant l'impasse, voyant l'inutilité du sang que lui-même a fait couler à flots, Justinien, son neveu, convoque en 553 un concile œcuménique dans la capitale – le cinquième de la liste, le second à s'intituler « de Constantinople », le premier et dernier à statuer de manière rétroactive, signe d'une insurmontable impasse.

L'autocrate législateur, le bâtisseur de Sainte-Sophie qui a entrepris de restaurer l'Empire à l'Ouest comme à l'Est, se veut aussi un théologien – il a fermé l'Académie platonicienne, interdit de cité le judaïsme, proscrit le paganisme des campagnes. Mais Justinien est surtout l'époux de Théodora, fille d'un montreur d'ours, danseuse et courtisane, pour laquelle il a fait abroger la loi romaine interdisant de mariage les prostituées. Il lui doit l'écrasement de la sédition qui a réuni les factions de l'hippodrome, les Bleus et les Verts, les riches et les pauvres, contre le couple impérial, et qu'elle a mené d'une main de fer, préférant « mourir dans la pourpre que fuir comme une esclave ». Il lui doit aussi sa lecture de Sévère, le plus éminent des penseurs antichalcédoniens : ce fils de sénateur, païen militant, converti tardif, patriarche d'Antioche sous le règne d'Anastase, réfugié par la suite à Alexandrie et doctrinaire modéré, sera canonisé par les Églises copte et syriaque, mais porté au catalogue des hérétiques que constitue, dans l'Église byzantine, le *Synodikon* de l'orthodoxie. Or Théodora n'est pas familière que de ces seuls traités, mais aussi de leur auteur. C'est elle qui a permis à Sévère d'échapper à l'arrestation en lui procurant un sauf-conduit frappé de son monogramme. Chypriote de Syrie, plus précisément du Golan, l'impératrice n'a fait là que prouver sa fidélité au milieu monophysite dans lequel elle est née et qu'elle aura soutenu tout au long de son règne en n'hésitant pas à déplacer comme des pions papes et patriarches.

Pour Justinien, Constantinople II doit faire œuvre de révision afin de réconcilier les vocabulaires de Cyrille et de Chalcédoine. Puisque l'on ne saurait ni les opposer, ni les équivaloir, il faut dès lors écarter les interprétations qui postulent qu'elles seraient contradictoires – celles-là mêmes, antiochiennes, dont se justifie la rébellion alexandrine. En guise de préalable, les écrits jugés polémiques, qu'ils l'aient été intentionnellement ou non, de trois figures passées de l'exégèse d'Antioche, sont condamnés : Théodore de Mopsueste, qui est mort en odeur de sainteté avant même Éphèse, et Théodoret de Cyr, qui a été absous à Chalcédoine, côtoient ainsi Ibas d'Édesse, maître de l'École des Perses et seul nestorien conscient et avéré. Le concile adopte par ailleurs comme article de foi une formule liturgique d'abord apparue dans le monde syriaque dissident : « Un de la sainte Trinité a souffert dans la chair » – formule dite « théopaschite », *Theos paskhei*, « Dieu pâtit », venant en symétrie du terme éphésien de *Théotokos*, refermant ainsi la boucle de la naissance à la mort, confirmant qu'un seul et même sujet dans le Verbe incarné a tout éprouvé de la condition humaine, jusqu'à connaître dans sa chair la souffrance et le trépas. L'effort de conciliation est à la fois extrême et fondé, ce dont finira par convenir, après quelques mois passés en otage, Vigile, pontife romain nommé par la bonne grâce de Théodora.

L'irénisme des esprits devrait suivre la pacification des idées, l'unité de l'Empire, la communion de l'Église. Or, malgré une facture conceptuelle, Constantinople II restera lettre morte – dernière leçon annexe d'hérésiologie : il est un degré de cimentation au-delà duquel un schisme doctrinal devient irréductible et où son intention contestataire tourne à l'entreprise de substitution, obligé qu'il est de dogmatiser sa rupture tout en solidifiant sa structure afin de se perpétuer et de prouver, par cette persévérance, son authenticité.

Dix ans avant le concile, Al-Harith, l'émir et patrice des Ghassanides, dont le royaume caravanier qui s'étend de Bosra à Médine a embrassé la foi monophysite, a prié Théodora de lui accorder deux évêques. L'impératrice les a choisis parmi les moines de son entourage, remettant à Théodose, l'ancien patriarche sévérien d'Alexandrie qu'elle abrite dans ses appartements, le soin de les consacrer. L'un d'eux est Jacob Baradée, dit « Jacques la Guenille », qui renonce à son palais épiscopal d'Édesse, avant même de l'avoir visité, pour courir les routes de l'Empire déguisé en mendiant. Contre-missionnaire, il ordonne des diacres et prêtres par centaines, des métropolites et patriarches par dizaines, dotant le schisme d'une hiérarchie parallèle, d'où le sobriquet d'Église « jacobite » dont les historiens ecclésiastiques européens affubleront l'Église syriaque pour ergoter sur sa fondation apostolique. Dix ans après le concile, Baradée est dans la mégalopole alexandrine, travaillant à étendre le réseau occulte dont il a relié l'Asie Mineure et le Levant à l'Égypte. Lorsqu'il meurt en 578, l'Empire est trop occupé par les incursions perses et avars pour mesurer le dédoublement confessionnel qui s'est opéré en son sein. Moins de quarante ans plus tard, les Sassanides, qui se sont rendus maîtres de l'Arménie, prennent Jérusalem où ils s'emparent des reliques de la Croix, puis Alexandrie où ils mettent la main sur le grenier de Constantinople. La reconquête qu'entame Héraclius ravage l'Orient, convaincu qu'il est de mener une « guerre sainte » – la première de l'histoire chrétienne, dont s'étonne même Georges de Pisidie, l'archiviste de Sainte-Sophie, témoin et chroniqueur de son règne. La défaite des Perses est sans précédent. Héraclius y voit un signe providentiel. En guise de mesure d'apaisement à l'égard des monophysites, un nouveau compromis est esquissé – ce sera le dernier –, posant qu'il est une seule action ou volonté en Christ, et qualifié pour cette raison de « monoénergiste » ou « monothélite ». Aussi insatisfaisant qu'inutile, il est rejeté.

C'est un monde déchiré et tourmenté, abandonné depuis près de deux siècles à une dérive religieuse qui a engendré la désillusion après la dévotion et l'indifférence après l'intolérance, sur quoi s'apprêtent à fondre les Arabes auxquels la victoire finale de Byzance sur l'éternel ennemi perse a frayé une voie inespérée. En 639, les cavaliers du calife Omar conquièrent l'Égypte. Armés, nombreux, déterminés, ils ne sont guère accueillis en « libérateurs », contrairement à une vulgate tenace dont l'objet est sans doute de dédouaner nos propres aventures et errances coloniales en Orient et ailleurs. Cette même date vaut toutefois, en quelque façon, pour marquer l'avènement de l'Église copte : au sens théologique et politique où le camp monophysite, déjà majoritaire, se constitue à partir de là en Église indépendante et nationale, mais aussi au sens immédiat où l'envahisseur musulman lui confère son nom usuel – le grec *Aegyptios*, qui désigne les Nilotes, lui-même formé sur le hiéroglyphe *Het-ka Ptah*, « la maison où se manifeste le souffle de Ptah », dieu protecteur du sanctuaire de la première dynastie pharaonique, est transcrit *qbt* en arabe, langue qui élide la syllabe initiale, omet les voyelles, imprime un tour guttural aux consonnes douces, et, vocalisé, donne *qoubt*.

À Alexandrie, à Jérusalem ou Damas, l'islam naissant n'est pas perçu comme une religion nouvelle, mais comme une hérésie du christianisme qui, sur un fond judaïsant, ravive, au sujet de Jésus, des conceptions déviantes et révolues : la sourate selon laquelle « ils ne l'ont pas tué et ils ne l'ont pas crucifié, ce n'était qu'un faux-semblant », rappelle ainsi le souvenir des docètes pour qui l'Incarnation était une illusion, et qui, condamnés dès le Nouveau Testament, disparurent après le concile de Nicée. La question ne prête cependant pas à querelle doctrinale, car l'occupation des mahométans paraît, comme les précédentes, destinée à être recouverte par d'autres. Le général musulman al-As et le pape monophysite Benjamin affichent d'ailleurs une relation courtoise – l'autorité impériale évanouie, l'autorité patriarcale s'y substitue, faisant du chef de l'Église le chef de son peuple, un *ethnarque*. La prise effective de pouvoir par l'envahisseur est retardée par le statut premier de minoritaire qui est le sien au regard du nombre et de la culture, mais, une fois enclenchée, elle se révélera irrésistible.

Dès les Omeyyades, les coptes voient leur langue bannie de l'usage officiel, leurs monastères réquisitionnés et vidés, leurs ecclésiastiques encadrés et leurs élites sommées de fournir savants, fonctionnaires et architectes. L'Église privée de ses prérogatives, l'aristocratie de ses ressources, le peuple de ses repères, la révolte couve, nourrie de spoliations et d'humiliations qui courent sur un peu moins de deux siècles. Elle éclate sous les Abbassides, et c'est alors le carnage et la destruction. Le prix de la rébellion est une sujétion encore plus forte : l'impôt est doublé, les prohibitions sont renforcées, les droits diminués – ce qui revient, en les aggravant, à utiliser comme mode de punition les dispositions déjà discriminatoires de la dhimmitude, cette limitation et taxation de la liberté de conscience qui fait du chrétien un protégé du musulman pour autant qu'il en reconnaisse le joug et s'acquitte auprès de lui de la redevance afférente à sa ségrégation volontaire. C'est ainsi qu'est peu à peu ratifiée l'existence de deux sociétés séparées dont l'une est assujettie en tout à l'autre, et constitue, nonobstant son importance, un ghetto.

Au tournant du premier millénaire, l'alternance, sous le califat chiite des Fatimides, d'un temps de faveur et d'un temps de terreur, achève de convaincre les coptes que leur sort est non seulement fixé par la condition d'infériorité à laquelle ils sont assignés, mais encore par l'arbitraire auquel ils sont exposés. Le brillant al-Aziz, fondateur de l'université d'al-Azhar, confie aux chrétiens et aux juifs le soin de réformer l'administration du califat et les récompense pour services rendus en ouvrant une rare période de tolérance religieuse. Son fils et successeur, al-Hakim, dont la mère, Marie, est issue d'une grande famille chalcédonienne, se révèle un autocrate fou et déclenche pendant cinq longues années (de 1007 à 1012) une vague de persécutions sans précédent, où les massacres de prélats le disputent aux destructions d'églises. Il fait ainsi jeter à bas le Saint-Sépulcre à Jérusalem dont son oncle maternel, Oreste, a été le patriarche grec-orthodoxe en titre depuis Constantinople comme il sera d'usage pendant des siècles. Les coptes doivent choisir entre la conversion et le servage, avec obligation, pour ceux qui restent chrétiens, de porter distinctivement une bure noire, une croix de bronze, et de pratiquer l'arabe sous peine d'avoir la langue coupée. Fait significatif entre tous, c'est le moment où le patriarcat quitte Alexandrie pour Le Caire après s'être réfugié un temps dans le désert de Nitrie. L'effondrement culturel qui suit cette tourmente ne commencera à être comblé qu'aux temps modernes.

De la dynastie kurde des Ayyoubides au règne turc des Ottomans, en passant par la domination militaire des Mamelouks, le destin des coptes continuera d'être placé sous le signe de l'ambivalence qu'a dessiné le conquérant arabe – inégal mais toujours instable et jamais autonome. Leur univers, clos, est celui d'une captivité où la prière, le rite constituent la seule liberté, de même que la retraite au désert où les monastères gardent l'image d'une Église inaltérée, étanche aux vicissitudes du monde, indomptée par l'irrationalité de l'histoire, devient la métaphore de leur vie – c'est le cas de tous les christianismes orientaux. Les irruptions, puis les interventions de l'Occident vont déranger cette quiète immobilité. La suspicion qu'entraînent les croisades creuse l'ambivalence au lieu de la résoudre. Les coptes peuvent se battre aux côtés des musulmans, ils n'en ont pas moins à endurer, dans le même temps, les émeutes antichrétiennes provoquées par les exactions franques. Saladin peut leur accorder le droit d'ériger une chapelle à la basilique du Saint-Sépulcre à Jérusalem tandis qu'il fait raser la cathédrale Saint-Marc d'Alexandrie. Ses successeurs peuvent flatter l'élite copte qui participe de l'appareil d'État pendant que le peuple copte subit des vexations et des extorsions que le pouvoir ni ne peut, ni ne veut arrêter. Avec l'Empire ottoman s'instaure une décadence qui ne dit pas son nom, mêlant déclin intellectuel et décroissance démographique. L'Occident revient toutefois perturber le face-à-face sommeillant avec l'islam. En 1602, Clément VIII, l'initiateur de la Longue Guerre des Habsbourg contre la Sublime Porte, ouvre à Rome une section copte dans le Collège maronite consacré aux Orientaux afin de favoriser leur adhésion à la papauté. En 1633, le pasteur allemand Peter Heyling, disciple de Grotius et futur explorateur de la Nubie, débarque à Alexandrie afin de dispenser l'Évangile. Avec moins de succès que dans le reste de l'Orient, le catholicisme et la Réforme vont s'essayer à l'uniatisme en Égypte. Les coptes, eux, vont devoir recommencer la preuve qu'ils ne sont ni des étrangers, ni une cinquième colonne de l'étranger dans le pays qu'en dépit de tous les malheurs ils n'ont cessé de savoir et ressentir le leur.

L'expédition de Bonaparte ébranle l'Égypte, musulmane et chrétienne, et l'ouvre aux vents de l'indépendance et de la modernité – le jeune général est déjà tel l'Esprit à cheval que Hegel verra à Iéna, cavalier de l'apocalypse portant la promesse française de la révolution des peuples de la Terre. La création d'un poste diplomatique par la Russie tsariste, devenue la protectrice des orthodoxes quels qu'ils soient et où qu'ils soient en Orient, fait également sortir les coptes de leur précoce éternité. La prise de pouvoir de l'Albanais Méhémet-Ali, en 1805, qui met à profit la crise dont les Janissaires agitent Istanbul, marque un tournant nationaliste dans l'identité copte que ni le protectorat britannique, ni le règne de la monarchie ne démentiront. Le XIXe siècle va être pour eux un temps de renouveau, à l'instar du printemps que connaissent les nations de l'autre côté de la Méditerranée. Leur long enfermement communautaire se découvre une capacité sans pareille à mobiliser. Passant outre les réticences de la hiérarchie ecclésiastique, des personnalités laïques telles que Wissa Wassef ou Morqos Hanna se font les champions du socialisme arabe et militant, ouvrant la voie à l'écrivain Salama Moussa, au critique Louis Awad et à toute une génération qui fera la vie intellectuelle de l'Égypte. Mais leur camarade, le Premier ministre Boutros

Ghali Pacha, l'exemple même d'une dynastie copte de serviteurs de l'État, est assassiné en 1910 par un intégriste musulman. Ce meurtre sonne tôt le glas de leurs aspirations à une pleine citoyenneté dont ils feront d'autant plus l'objet de la reconnaissance qu'ils ne cesseront d'attendre et qui ne cessera de s'éloigner. Moins de vingt ans plus tard, Hassan al-Banna fonde à Ismaïlia, à deux pas du canal de Suez, orgueil de l'Europe colonisatrice, l'association des Frères musulmans – avant de périr lui-même sur l'ordre du roi Farouk. Le partage de l'Égypte en deux mondes est à nouveau de mise.

La révolution nassérienne de 1953, bien que s'affirmant laïque, favorise la radicalisation. La condition des coptes devient l'indicateur de la bataille qui se déroule entre le camp séculier et le camp religieux au sein de la même culture dominante musulmane. La classe des politiques perd en influence, l'Église se replie à nouveau sur son univers symbolique et se voit encore mise au défi par l'Occident et ses missionnaires. C'est à partir du désert que les coptes vont, une fois de plus, se réarmer. Ancien ermite au Wadi-Natroun, à Nitrie, la première colonie et citadelle monastique de l'histoire chrétienne, vaste dépression de marais salants asséchés entre Alexandrie et Le Caire, le pape Cyrille VI, élu en 1959, débute une vaste réforme qu'accomplira son successeur Chenouda III. Au cours de son énergique mandat, il accorde la pleine indépendance à l'Église d'Éthiopie, réunit pour la première fois l'ensemble des Églises ante-chalcédoniennes sous sa présidence, et négocie avec Paul VI le retour en Égypte des reliques de saint Marc, dérobées au Moyen Âge par les Vénitiens. Il désenclave, à l'international, l'identité copte. Mais, dans le même temps, le petit peuple du Caire lui prête des pouvoirs miraculeux de guérison dont il ferait bénéficier, secrètement, Nasser lui-même. C'est que Cyrille a dissous les instances représentatives laïques, s'est instauré le seul interlocuteur de l'État, a propagé non sans charisme l'impératif d'une seule identité copte où la confession absorbe et détermine les dimensions sociale et politique. Comme son lointain prédécesseur, dont il porte le nom, il est allé chercher dans les couvents les cadres de cette révolution interne qui a subjugué le peuple et marginalisé les intellectuels. Au tournant nationaliste s'est ainsi superposée une forte inflexion communautariste qui a la religion pour raison et finalité.

Renouveau de la liturgie, de la spiritualité, des écoles, profession de foi patriotique, légalisme exemplaire : rien n'y fait, l'ambivalence subsiste. Elle éclate sous Sadate qui redoute les islamistes, s'oppose et renonce à s'opposer frontalement à eux, espère les contenir par des concessions qu'il veut croire de façade alors qu'eux-mêmes tissent à l'intérieur de la société une contre-société. Le panarabisme a passé et, avec lui, l'ombre tutélaire de Nasser : la constitution de 1979 fait de la charia, la loi coranique, la source du droit. C'est ramener les chrétiens douze siècles plus tôt. La concession, comme il se doit, est comprise par les activistes comme une licence à la provocation. C'est la surenchère. Alors que le copte Boutros Boutros-Ghali, héritier de la grande dynastie, prépare les accords de Camp David, la communauté copte entre dans le cycle des lynchages. Au printemps 1981, au Caire, le quartier commerçant d'al-Zawiya al-Hamra s'embrase. On compte des dizaines de morts. Chenouda, le successeur de Cyrille, au nom également prédestiné, proteste. Sadate réplique en feignant de rétablir la paix civile, actant le pseudo-principe d'une équité comptable qui va devenir la règle : des islamistes sont jetés en prison, mais, par effet de balance, des coptes le sont aussi, en nombre égal et dans les mêmes cachots qui réunissent les agresseurs et les agressés. Chenouda tente l'épreuve de force en dénonçant cette fausse justice comme une iniquité. La tentative se retourne contre lui, Sadate l'accusant d'être un séditieux. Chenouda, en une ultime protestation, suspend la célébration des fêtes de Pâque. Le raïs exile le pape, ordonne l'arrestation de plusieurs évêques, interdit la presse copte – dans le silence de la communauté et de l'opinion internationales.

Anouar el-Sadate tombe assassiné à l'automne de la même année lors d'un attentat islamiste dont est également victime l'évêque Samuel, le locum tenens en charge d'administrer le trône patriarcal, vacant comme il a été à de nombreuses reprises au cours des siècles. Assigné à résidence au monastère d'Anba Bishoi, au Wadi-Natroun, Chenouda ne sort de sa réclusion qu'en 1985 au prix du pacte que lui a imposé Hosni Moubarak sur le modèle qui prévaut dans le monde arabe : s'abstenir de toute intervention politique, professer une loyauté indéfectible au régime. C'est à partir de ce moment que les coptes adoptent et diffusent la théorie officielle selon laquelle le terrorisme en Égypte est le fait de l'étranger, que l'unité de la nation ne saurait souffrir interrogation et que, donc, ils ne souffrent pas ou pas plus que leurs compatriotes qui ne sont pas chrétiens. Les émeutes néanmoins s'enchaînent et connaissent de graves pics en 1988, 1990, 1999 et 2000. Entre-temps, de cible adjacente, les coptes sont devenus la cible principale de la terreur islamiste, les djihadistes ayant compris que, à appliquer leur stratégie de la tension aux musulmans, ils les détournaient de leur combat, alors que, à frapper les chrétiens, ils ne dérangeaient en rien l'apathie populaire, voire gagnaient les sympathies de la plèbe.

Réduit à sa fonction liturgique, le pape Chenouda amplifie le mouvement de communautarisation qu'a entamé Cyrille : il n'est d'identité copte que collective, le renforcement constant de la pratique religieuse déterminant l'orthodoxie comme une orthopraxie – très précisément ce que font les Frères musulmans avec lesquels il entretient une relation de rivalité mimétique. Lorsqu'il décède le 17 mars 2012, le peuple copte en son entier, y compris les jeunes qui lui ont désobéi en se joignant aux manifestants de la place Tahrir, porte le deuil du pape qui l'a guidé pendant quarante ans, soit l'un des plus longs pontificats de l'histoire – soit le temps passé par les Hébreux au désert dans l'attente d'entrer en Terre promise, soit encore à peine une génération qui aura entamé le grand exode auquel ses aïeux avaient résisté pendant quatorze siècles, fuyant une terre devenue maudite.

Sans doute les fantômes du Césaréum, s'ils existaient et s'ils parlaient, commenteraient-ils que Chenouda a voulu ressusciter la tradition alexandrine mais dans sa part la plus contestable, la meilleure lui restant inaccessible sous l'action de Chronos qui dévore tout, jusqu'à ses enfants.

La communauté comme citadelle voguant sur le désert de l'histoire, constituant une Cité de Dieu distincte de la cité des hommes, présente l'ultime forme de résistance qu'ont tâché d'ériger les chrétiens d'Orient. Elle a eu pour prix une reconstruction dont les termes et les effets sont habituels dans tous les christianismes orientaux, mais qui, maximaliste chez les coptes, obère la complexité de leur passé et pèse sur leur avenir. Le temps y est comme effacé par la primauté accordée à l'origine : à se considérer comme les « descendants du peuple des Pharaons », les coptes se conçoivent comme le noyau autochtone et cependant noyé par l'envahisseur des « vrais Égyptiens », en vertu d'une assimilation entre ethnie et foi qui a pour avantage de minorer le caractère massif des conversions. Une autre césure, qui participe de la même priorité des commencements et la dédouble au risque d'une contradiction, est la conviction d'une parfaite continuité avec l'antique Église d'Alexandrie : la chrétienté égyptienne d'alors était cependant plus l'héritière de l'ère hellénistique et romaine que celle de l'âge pharaonique. Une autre encore est le privilège de la langue : si le copte provient effectivement de l'égyptien ancien, il est néanmoins transcrit dans l'alphabet grec, aménagé de quelques signes particuliers, et n'est plus représenté, depuis le XIe siècle, que par un seul dialecte, le bohaïrique, dont l'usage est devenu purement liturgique tandis que la liturgie copte elle-même s'est peu à peu arabisée, ce mouvement s'étant achevé au XVIe siècle. La fabrication de l'identité singulière et isolée qu'ont causée la rupture avec Byzance et la glaciation musulmane entraîne ainsi une relecture de l'héritage alexandrin qui passe de l'histoire universelle à l'histoire particulière par la nationalisation de ses grandes figures. Le fait copte n'est pas seulement au début de l'humanité, mais au centre du monde : les catéchismes insistent ainsi, dans une approche fondamentaliste, sur l'apothéose de la conversion de l'Égypte, dont la prophétie d'Isaïe fait un signe eschatologique, et sur la fuite de la Sainte Famille, encore en Égypte, qui sert, dans l'Évangile de Matthieu, de repère typologique. Chenouda en retire que l'Église copte est « unique et exceptionnelle », mais aussi un argument contre le sionisme dont il se veut un farouche ennemi, en preuve de son patriotisme : il est une Terre sainte qui est avant la Terre sainte, qui est depuis toujours la terre refuge contre la terre barbare où l'on massacre les enfants. L'une des raisons de son conflit avec Sadate sera d'ailleurs que, refusant la paix avec Israël, il interdira aux coptes de se rendre en pèlerinage à Jérusalem. Le surenchérissement chrétien est habituel, mais, en Égypte, mère du nationalisme arabe, il prend force de loi non sans aiguiser le soupçon qu'il croit prévenir.

Cette mythisation des origines suit le schéma classique des revivalismes qui sont avant tout des survivalismes. Les coptes considèrent qu'ils font face, également depuis les débuts, au risque d'une disparition systématique. Ce que signale leur calendrier qui commence, je l'ai dit, à l'ère des grandes persécutions romaines, mais aussi leur synaxaire – le catalogue de leurs saints – qui consacre une place essentielle, à côté des victimes du paganisme des Césars, aux victimes de la Byzance chrétienne. Le martyre et l'histoire ne font qu'un, mais, dans ce vaste récit de la souffrance comme identité, l'Église copte n'évoque qu'allusivement les périodes autrement plus sombres de la domination musulmane. Le contre-effet en est la perception d'une érosion démographique constante que rien ne corrobore : le nombre absolu des coptes ainsi que leur proportion ont subi d'importantes variations, ce que montrent le net effondrement des XVIe-XVIIIe siècles et la moins nette augmentation du XIXe siècle, mais leur représentativité est demeurée étale, au prorata des mutations démographiques – vraisemblablement dix à douze Égyptiens sur cent sont coptes, selon le moyen terme qu'invite à retenir la déflation de l'État et l'inflation de l'Église. Ce sentiment d'asphyxie, réel dans la sphère politique, mais interdit en conséquence de débat et passé sous silence, s'est traduit, sous Chenouda, par une pastorale de la famille paradoxalement encadrée par les moines du désert : visant à redresser la natalité, elle s'est donné pour modèle la fécondité en milieu fondamentaliste musulman, et a ainsi raté l'occasion de témoigner des valeurs chrétiennes au sein d'une société qui voue les femmes à la domesticité.

La prétention des coptes à incarner de manière exclusive le christianisme égyptien n'est guère mieux assise. Ils sont certes majoritaires, et de façon écrasante aujourd'hui. Preuve de leur alacrité identitaire, la branche romaine est la plus faible des Églises catholiques orientales et la branche évangélique la plus patriotique des Églises protestantes arabes. Leur vitalité dépasse toutefois leur créativité. Les circonstances difficiles de leur maintien sous l'islam ont causé, jusqu'à la fin du XIXe siècle, un certain tarissement théologique dont attestent l'effacement de l'icône canonique et l'abondance de l'hagiographie populaire. De surcroît, sur au moins deux périodes, entre le Ve siècle et le XIIe siècle, puis du XVIIIe siècle à la première moitié du XXe siècle, ils ont eu à cohabiter avec la concurrence notable de l'orthodoxie byzantine, portée par les communautés numériquement et socialement significatives des Grecs et des Syro-Libanais installés en Égypte. Ce n'est que depuis le départ des « étrangers », voulu par Nasser, qu'ils ont acquis cette représentativité monolithique. Étrangers, tels le sont aussi les autres chrétiens égyptiens aux yeux des coptes orthodoxes : Chenouda aimait à parler des coptes catholiques comme des « pièces jaunes » : de la petite monnaie au regard de leur nombre, et il n'hésitait pas à déclarer, au sujet des évangéliques coptes, qu'à tout prendre « il vaut mieux devenir musulman que protestant ».

La citadelle du désert fait ainsi le sacrifice de sa signification politique, oublie que les coptes ont participé pleinement au mouvement de réforme, qu'ils ont été l'un des fers de lance de la modernisation législative, artistique et technique, qu'ils se sont engagés contre les divers colonialismes en faveur de l'indépendance de l'Égypte, et que cet engagement leur a été bénéfique jusque dans leur être religieux – c'est sous le pape Cyrille IV, au milieu du XIXe siècle, que commence une réforme à la fois spirituelle et savante qui aboutit, en 1910, à l'ouverture du Musée copte et, en 1954, à l'établissement de l'Institut des hautes études coptes. On oublie encore qu'ils ont nettement refusé la tentation de l'isolement en rejetant la sécession, le projet d'un « pays copte » autour d'Assiout ; qu'ils ont marginalisé dès sa création, après 1945, la Djama'a-al Oumma al Qibtiyya, la « Société de la nation copte », parti politique de nature confessionnelle aux revendications purement catégorielles. Si la solidarité nationale retrouvée a craqué dès le milieu des années 1930, c'est à la faveur de la crise économique et sociale qui a frappé subitement l'Égypte. Dans l'imaginaire populaire, les coptes, de moteurs, sont alors passés au rang de profiteurs. La coexistence a laissé place à l'hostilité, la coopération à la séparation : significativement, les premières frictions sont apparues dans le haut delta du Nil où coptes et musulmans partagent le même sort agraire et la même pauvreté.

Sur fond de défiance, au Caire et à Alexandrie, la rivalité suscite de part et d'autre un renchérissement nationaliste qui cache le choc des revendications communautaires. L'erreur des coptes a ainsi été de prendre les Frères musulmans comme le miroir que leur tendait l'histoire depuis des siècles. La construction symétrique, avec l'État d'un côté et l'islamisme de l'autre, conduit à l'impasse, mais les soumet surtout à une double polarisation qui perpétue à sa façon l'ambivalence. C'est l'exode qui en modifie les termes, une différence de condition qui joue à plein, désormais, au regard des malheurs antérieurs : les coptes disposent aujourd'hui de diasporas à même d'opérer un authentique lobbying, d'influer sur l'information et sur la contestation, de diffuser une intransigeance qui ne va pas sans alarmer leurs congénères d'Égypte, lesquels les supplient de ne pas les exposer. La mondialisation fait ainsi craquer de l'intérieur la théorie d'un enfermement volontaire venu pallier l'enfermement réel. Mais au prix d'une représentation particulariste tout à la fois idéologique et muséographique, bonne pour les magazines de voyage et les bulletins de bonne conscience, dont on ne voit cependant pas de quel avenir elle serait porteuse.

Il y avait pourtant une autre voie, celle qu'a empruntée Matta el-Meskine (Matthieu le « mesquin » : « le pauvre », selon le sens premier du mot emprunté à l'arabe, *via* l'espagnol). Ce moine a témoigné en Égypte, tout au long du XXe siècle, du même esprit que Georges Khodr au Levant, si ce n'est que sa destinée, à la fois secrète et paradoxale, s'inscrit dans la grande légende alexandrine qu'elle ressuscite. Youssef Iskandar est l'un de ces jeunes diplômés, militants de la réforme, qui, après 1945, font le choix de partir au désert et de s'y établir en solitude. Deux amis l'accompagnent : Saad Aziz, qui deviendra l'évêque Samuel et trouvera la mort auprès de Sadate ; Nazir Gayyed, le futur pape Chenouda, auquel tout finira par l'opposer. Devenu l'abouna Matta, vivant comme ermite à Nitrie, ordonné prêtre contre sa volonté, le reclus écrit, convaincu que la renaissance spirituelle est indissociable du renouveau intellectuel. Sa réputation grandit, ses idées séduisent, sa personne enthousiasme : en 1959, la cabale des envieux triomphe, et Cyrille, à peine élu, l'excommunie pour une désobéissance supposée qu'explique en fait la contradiction de leurs visions de l'Église copte, de l'Égypte et de leur commun avenir. Avec onze de ses disciples, Matta fuit au Wadi el-Rayyan, le désert lunaire qui entoure Fayoum, où il va vivre dix années dans le retrait et la clandestinité. En 1969, Cyrille, repentant, lui demande de rentrer à Nitrie et lui confie les ruines du monastère de Saint-Macaire. Matta en fera une oasis qui nourrira matériellement les fellahs de la région, employés à un grand plan d'agriculture raisonnée, spirituellement les chrétiens, musulmans et agnostiques d'Égypte qui y trouveront un lieu de rencontre, et intellectuellement le monde arabe en instaurant au cœur du couvent une imprimerie et une maison d'édition indépendante. De citadelle le désert deviendra ainsi une cité réconciliant Dieu et les hommes. Son message politique tiendra en une exhortation : oublier les coptes et se préoccuper des Égyptiens.

C'est l'attitude du nouveau pape copte d'Alexandrie, Tawadros (ou Théodore), lui aussi moine de Nitrie, retenu avec deux autres candidats par vote à bulletins secrets lors de l'assemblée clérico-laïque de son Église et dont le nom, qui n'était pas le mieux placé, a été tiré au sort par un enfant de chœur lors de la liturgie en la cathédrale Saint-Marc du Caire, selon la « méthode du lot » qui avait prévalu dans la communauté apostolique pour le remplacement de Judas. Face au tourbillon dans lequel est alors plongée l'Égypte, Tawadros a enjoint aux coptes de ne pas céder à la tentation de former un parti, de se compter, de dresser la liste de leurs revendications, mais, au contraire, d'exercer leur liberté chrétienne par la diversité de leurs engagements, de se montrer ainsi des citoyens ordinaires qu'ils ne sont peut-être pas mais qu'ils doivent devenir, tout comme, avec eux, leurs compatriotes, la communion de foi ne pouvant empêcher la communauté politique.

La propre élection du maréchal al-Sissi, consacrant démocratiquement le pouvoir militaire, entachée d'un bourrage d'urnes sans doute inutile et dont les Égyptiens ne se réjouissent pas, mais qui les rassure, a momentanément balayé l'hypothèse d'une Égypte islamiste qui eût été le pire résultat du « Printemps arabe ». Elle n'est pas totalement étrangère à la guerre intra-musulmane qui secoue tout l'Orient. L'Égypte fut le refuge de la Sainte Famille, mais elle est aussi intimement liée à la famille du Prophète de l'islam qui y trouva l'une de ses favorites, née chrétienne – l'empilement archéologique en Orient n'est pas que celui des monuments. Cette alliance fit l'orgueil du califat fatimide et chiite au Moyen Âge. Elle n'a pas cessé d'inspirer les diverses confréries soufies, elles-mêmes liées par la lettre ou en esprit au chiisme, auxquelles leur libéralisme vaut d'être persécutées par les salafistes. C'est à ces mêmes confréries, dont il se murmure au Caire que sa famille est issue, et qui ont toujours prévalu dans les corps d'armée depuis les Janissaires, qu'al-Sissi a confié le soin d'incarner et de réformer l'islam égyptien : il faut en accepter l'augure.

À moins, contemplant l'Alexandrie lépreuse qui n'a plus rien de celle, cosmopolite, de jadis et de naguère, qui est devenue le fief des islamistes, d'admettre qu'il en sera, un jour proche, de l'Égypte chrétienne comme du reste de l'Orient, malgré le nombre et la résistance des coptes, et qu'il faudra aller au hasard de rues, plus désertes que n'importe quel désert, en récitant le poème de l'Alexandrin que fut Constantin Cavafy :

« Les vagues l'ont englouti dans les profondeurs. L'ignorant encore, sa mère allume un grand cierge devant l'image de la Théotokos pour que son fils revienne vite. Inquiète, elle tend l'oreille au vent, mais l'icône grave et triste écoute sa prière, sachant que le fils qu'elle attend ne reviendra pas. »

VI

La prophétie effacée

« Cela ne te fatigue pas de ne voir et de ne prévoir que l'effroyable ? » fait dire Giraudoux à son double féminin qu'est Cassandre, dont l'extrême lucidité se révèle si inutile qu'elle aggrave plutôt qu'elle ne prévient l'imminence du désastre. Son impuissance à convoquer une image de la paix qui ne s'estompe, à force de pâlir, dès qu'elle apparaît, est au cœur de *La guerre de Troie n'aura pas lieu.* C'est autrement que les Grecs continuant Homère, dont Euripide dans *Les Troyennes,* décrivent la fille de Priam. L'infante aux serpents, l'adolescente royale bernant Apollon, la vierge profanée par Ajax, la captive et concubine d'Agamemnon, la rivale assassinée par Clytemnestre est toujours trop ivre de visions pour être jamais écoutée par celles et ceux à qui elle annonce leur malheur – lequel, dès lors, se confond avec le sien, le souffle de la prophétie se mesurant à l'incroyance qu'il inspire.

Au regard du mémorial de l'*Iliade*, ce que Simone Weil a pressenti de la face cachée des Lumières, la course inexorable à la rationalisation technique qu'elles engagent et que rend cruelle l'industrialisation des sociétés, impitoyable la mécanisation des conflits au point de sacraliser l'impiété, Giraudoux va s'évertuer à le nier. Fasciné par la culture allemande et la démocratie américaine, le normalien devenu diplomate, arrivé premier au certificat d'études, au prix d'excellence des classes préparatoires, au concours général, puis au concours des Chancelleries, demeure hanté par la boucherie de Gallipoli, en face de Troie, en 1915, où il est tombé, blessé, mal soigné, avant d'être rapatrié à Paris et de devoir contempler la suite et fin de la Grande Guerre depuis le bureau de la propagande du Quai d'Orsay.

Afin d'ouvrir un deuxième front et de faire plier l'allié de Berlin qu'est l'Empire ottoman, les forces de l'Entente ont en effet retrouvé le chemin de l'antique Hellespont au mitan de la ligne de partage reliant les déserts d'Arabie aux massifs des Balkans. L'offensive avait pour but de s'emparer des Détroits qui, de la mer Méditerranée à la mer Noire en passant par la mer de Marmara, servent de verrou entre l'Europe et l'Asie. Elle a abouti à un désastre humain et militaire, la tuerie préludant à la débâcle : des centaines de milliers de morts, blessés et malades de part et d'autre, en six longs mois d'accrochages, cent mille soldats britanniques, français, australiens et néo-zélandais évacués sur trois courtes semaines. Mais les rivages d'Ilion ont à nouveau façonné l'histoire en engendrant des mondes et en les partageant. C'est à Gallipoli, à l'embouchure de l'Orient proche, que l'Occident extrême connaît son baptême du feu, que l'Australie et la Nouvelle-Zélande entrent dans le concert des nations au point qu'à Melbourne et Auckland le souvenir de la bataille supplante celui de l'Armistice dans les célébrations nationales. C'est à Gallipoli que le héros des troupes turques, Mustafa Kemal, promu pacha par la Sublime Porte, décoré par le Kaiser Guillaume en personne de la Croix de fer, fait le serment de mourir plutôt que de connaître encore la honte de l'humiliation, et jure d'affranchir son peuple de l'Orient décati afin qu'il rivalise avec l'Occident éclatant.

Dans ses *Souvenirs* puis son *Carnet des Dardanelles*, l'écrivain Giraudoux mêle le lyrisme des classiques à l'effroi des modernes. Il loue les criques bordées de cyprès qu'embaument les lentisques, et blâme qu'on y abandonne aux rats les chevaux crevés. Il chante la fraternité des armes et pleure l'absurdité des cadavres. Il dit le sublime et l'horreur des combats dans le sentiment exalté et terrifié de ne plus pouvoir les départager. Le pire, dans la guerre, et qui fait de la guerre le pire, serait-ce donc cette expérience du numineux ? Le diplomate Giraudoux retranscrit par là la genèse du pacifisme intégral qui lui tiendra lieu désormais de doctrine internationale. Or Gallipoli ne marque pas le commencement d'un règne universel de la paix, mais l'avènement d'un nationalisme singulier, d'abord séculier, puis religieux, qui, depuis un siècle, s'édifie sur l'éradication de tout ce qui n'est pas lui. Un nationalisme oriental qui se veut occidental : celui de la Turquie contemporaine où les généraux laïcistes et les imams fondamentalistes se disputent la maîtrise d'une révolution qui se poursuit dans une perpétuelle fuite en avant, mais qui, bien avant les guerres de 1948, 1975, 1991, 2003 et 2011 au Levant, avait réglé la question des chrétiens d'Orient par leur quasi-élimination.

Giraudoux devrait le savoir. Son premier poste, à la sortie du concours, à la direction politique et commerciale, a été d'assurer le service de la valise diplomatique à destination de Constantinople qu'il a visitée en 1913, inscrivant ses pas dans ceux de Pierre Loti. En 1927, le voilà administrateur hors-cadre, mis à la disposition, à sa demande et pour sept longues années, de la Commission d'évaluation des dommages alliés en Turquie. En 1934, il est promu inspecteur général des postes diplomatiques et consulaires, et, en 1935, il consacre sa première tournée au Proche-Orient et à l'Europe orientale dont Istanbul, l'ancienne capitale de l'Empire ottoman, demeure l'épicentre. De mai à juillet, il passe trois mois en Turquie à mettre la dernière main à sa prochaine pièce de théâtre qui sera créée par Louis Jouvet à l'Athénée le 22 novembre. Dans une France pétrifiée par la montée des périls, *La guerre de Troie n'aura pas lieu* fait office de manifeste pour la paix. Trois ans plus tard, Édouard Daladier rentrera sous les acclamations de Munich où il a, croit-on, exorcisé le spectre du conflit mondial que fomente l'Allemagne nazie. Ce même mois de septembre 1938, Paris, sous l'incitation de Londres et la pression d'Ankara, a accepté de faire du sandjak d'Alexandrette la république du Hatay : cette pointe du littoral syrien et arabe, au nord d'Alep, est revendiquée par les Turcs qui l'ont peuplée en sous-main et qu'ils agitent de troubles intercommunautaires en vue de l'annexer. Ce que la France mandataire ratifie contre la volonté de Damas, le 23 juin 1939, dans l'espoir de rallier la Turquie au front commun des démocraties contre le Reich hitlérien.

Une fois enclenchées, les politiques de renoncement ne manquent plus d'arrêt dans la spirale de l'abandon, et c'est le cas : la guerre aura lieu tandis que les Turcs resteront neutres jusqu'en février 1945, date à laquelle ils finiront par s'engager contre les puissances de l'Axe afin de gagner un siège aux Nations unies. En attendant, des milliers de chrétiens, arméniens, assyriens, grecs, rescapés des massacres d'Asie Mineure, vingt ans plus tôt, quittent le territoire où ils avaient trouvé refuge sous l'escorte de soldats français dont la mission d'assistance est strictement limitée à assurer le bon ordre et la célérité de l'évacuation. Alexandrette, fondée par Alexandre pour célébrer sa victoire sur Darius, cité phare des royaumes latins, est renommée Iskenderun et transformée dans le centre portuaire et sidérurgique qu'elle est aujourd'hui. Antioche, mère du christianisme sémitique, désormais portée sur les cartes comme Antakya, sombre dans la poussière d'un exil intérieur dont elle n'est plus sortie depuis lors. Tout comme Giraudoux, l'opinion européenne, non moins émue que lui sur le principe, en conclut que l'Orient est la terre de l'inéluctable. Il l'est en effet devenu du fait qu'entre-temps les hostilités de 1914-1918 ne se sont pas éteintes, de même qu'est restée en suspens la refonte des mondes dont elles ont décidé.

Après la défaite de la Triple Alliance, les chancelleries ont continué la guerre par leurs propres moyens : ce sont les traités. Celui de Versailles mènera Hitler au pouvoir. Celui de Lausanne entérine la malédiction qui frappe les chrétiens d'Orient en traduisant dans le droit leur malheur de fait, ce tournant fatidique dont ils font mémoire comme des grandes catastrophes de 1915 et de 1923 – le *Medz Yeghern* des Arméniens, la *Megali Katastrophi* des Grecs qui annoncent les autres vocables, à la fois intraduisibles et universels, qui, en d'autres temps et d'autres lieux, chacun dans son ordre, diront tous la même certitude de l'insondable mais irrémédiable barbarie du XXe siècle. Les deux tragédies, comme celles qui leur succéderont, sont inassimilables et il y a tout lieu de distinguer l'anéantissement programmé du peuple arménien et l'expulsion mécanique des populations grecques, sauf sur un point : entre le premier conflit total et la première paix globale, le passage de l'Empire ottoman à la nation turque s'est opéré par l'invention et la systématisation de la purification ethnique à laquelle les chrétiens d'Orient ont servi d'expérimentation, et les grandes puissances de l'Occident acquiescé par leur irrésolution.

Tout au long du XIXe siècle, l'Empire musulman de Méditerranée et des Balkans qui a recouvert l'Empire chrétien d'Orient est l'« homme malade » d'une Europe qui met à profit ses troubles pour accélérer sa décomposition – inaboutie à ce jour et dont on voit, ces dernières années, les soubresauts d'agonie se manifester de Bagdad à Sarajevo. Dès 1839, bien avant l'ère Meiji au Japon, le mouvement du Majles en Perse ou la fondation du Congrès en Inde, s'ouvre à Istanbul la période des Tanzimat, de la « réorganisation », qui tâche de répondre à l'impératif de modernisation politique, sociale et technique qu'entraîne l'essor triomphant de l'Occident. Mais, au lieu de favoriser l'adoption du modèle, la proximité géographique et historique la rend contraire, la mixité de sort et de mentalité déjà établie par l'empreinte et la présence chrétiennes faisant tendre, jusqu'à la rompre, la difficulté à définir l'identité et la différence turques au regard de l'Europe : là encore, la question reste d'actualité. C'est au nom de l'orthodoxie que, à Athènes, Sofia ou Belgrade, Grecs, Bulgares et Serbes mènent leurs guerres d'indépendance nationale pour échapper au joug de l'islam et mériter de l'esprit européen – sans dissocier nation et religion, cette association, conforme au moule byzantin des missions en langues vernaculaires, passée au crible ottoman du régime des communautés confessionnelles, amplifiée par le patriotisme romantique et enfin réactivée par la déclinaison du communisme international en entités chauvines, expliquant les guerres des

Balkans d'hier et de demain. C'est une rixe mortelle entre orthodoxes et catholiques à Bethléem, autour de l'étoile d'argent qui orne l'autel de la Nativité et que les franciscains accusent les caloyers d'avoir dérobée, qui ranime l'animosité entre la France de Napoléon III et la Russie de Nicolas Ier, ravive leur querelle pour le titre de protecteur des chrétiens d'Orient et conduit à la guerre de Crimée – guerre de religion, puisque les Parisiens voient leur archevêque, Mgr Sibour, bénir les zouaves en les exhortant à « déraciner le schisme », scène vieille d'un siècle et demi pour le décorum, mais non sans échos contemporains quant au trait d'union apposé entre « obscurantisme religieux » et « tyrannie politique » chez les Russes, supposé aller de soi en vertu d'un préjugé de « civilisation » cependant plus excusable hier qu'aujourd'hui. En quelques décennies, la Sublime Porte a ainsi perdu la partie occidentale et majoritairement chrétienne de l'Empire – Ankara tentera d'y restaurer son influence lors des guerres d'ex-Yougoslavie, et d'autant plus fortement que l'appareil diplomatique turc est par tradition le domaine réservé des élites de Bosnie, de Macédoine et du Kosovo qui se sont au fil du temps transplantées à Istanbul. Elle a aussi été atteinte en son centre symbolique, les Lieux saints de Jérusalem, qui illustre au mieux sa sacralité et sa diversité impériales : Paris et Saint-Pétersbourg l'ont forcée à codifier l'usage coutumier, déjà négocié sous leur contrainte au XVIIIe siècle, des principaux sanctuaires chrétiens entre Grecs, Arméniens et Latins, décrété en 1852 « pour l'éternité » ; reconduit depuis par le protectorat britannique, puis l'État d'Israël, le Statu quo s'attache malheureusement plus à détailler qui et quand détient les clés ou tient le balai qu'à définir les droits fondamentaux. La réforme se révélant contrariée par l'étranger, il ne reste qu'à procéder à la révolution ou à en revenir à la tradition – dilemme aux termes inchangés et pareillement dominant en ce début de XXIe siècle.

L'obstacle, pour l'heure et pour les théoriciens des Tanzimat, tient tout entier dans le *millet* qui paraît l'héritage le plus urgent à « réorganiser » en tant qu'il modèle l'organisation politique et sociale de l'Empire sur le droit coranique et paralyse en conséquence tout progrès décisif. Qu'est-ce à dire ? Sur le critère de leur appartenance religieuse, les individus sont rapportés à des « peuples » qui instituent autant de « nationalités » différentes et forment autant de *millet* autonomes : chacun d'eux est doté d'un pouvoir exécutif en propre, mais dévolu aux seules affaires internes, seul responsable devant le pouvoir central et qui est nécessairement le chef religieux de ladite communauté ;

d'un pouvoir juridique en propre, mais restreint au statut personnel, par ailleurs borné par la charia, et qui est nécessairement indexé aux règles et administré par les instances que fixe la tradition religieuse de ladite communauté ; d'un pouvoir fiscal en propre, mais réduit à la collecte de l'impôt prédéterminé en taux ou en valeur, et qui est nécessairement différentiel selon les nature, qualité et classification religieuses de ladite communauté. Pour une évidente raison économique, l'extrême confessionnalisation du *millet* engage une application de la dhimmitude qui peut sembler modérée et tolérante, mais qui, en fait, est préservatrice et utilitaire – excepté lorsqu'elles sont forcées à la suite de révoltes réprimées, comme dans le cas des Albanais au XVIIIe siècle, les conversions massives de chrétiens sont concentrées dans des régions de grande pauvreté où la taxe religieuse est insupportable, telles l'Anatolie du côté asiatique ou la Bosnie du côté européen.

Parce que confessionnel, ce système connaît une inflation constante, les communautés se multipliant en se subdivisant. En 1453, il n'est qu'un seul *millet* des chrétiens dont l'« ethnarque » (le chef) est le patriarche de Constantinople ; en 1914, il y en a treize, soit peu ou prou l'ensemble des Églises orientales, affecté de variations qui sont précisément d'ordre ethnique, les protestants arméniens et arabes disposant ainsi de communautés distinctes. De surcroît, l'organisation des *millet* se complique du système parallèle mais intrusif des capitulations : dès le XVIe siècle, les États européens obtiennent des droits spécifiques pour leurs ressortissants qui travaillent dans les « Échelles », les comptoirs occidentaux. Ils en accaparent un droit de protection sur les communautés qui leur sont d'intérêt parce que potentiellement alliées : les catholiques pour la France, les orthodoxes pour la Russie, la juive et la druze pour la Grande-Bretagne en l'absence de répondant anglican parmi les « nations » chrétiennes. En retour, les notables communautaires sortent de leur statut d'infériorité en acquérant la nationalité de l'État protecteur et, partant, les avantages de la capitulation – ainsi la famille Balladur, issue du *millet* arménien catholique, intégrera cette classe dite des « Levantins », parlant le dialecte marchand nommé *Lingua franca.* Assiégée à l'extérieur, la Sublime Porte se trouve désormais affaiblie de l'intérieur, tandis que le système confessionnel qui lui a permis de se maintenir se révèle l'accélérateur de son délitement : le communautarisme empêche la formation d'une citoyenneté moderne, mais sert la conjonction entre les puissances chrétiennes aux portes de l'Empire et les dissidences chrétiennes au sein de l'Empire, en un effet de ciseaux qui en préfigure d'autres, mais qui va cette fois être fatal aux Arméniens.

Nombreux, divers, particuliers, forcément riches parce que payant le double impôt, forcément allogènes parce que protégés par l'Europe, forcément subversifs parce que résilients, les *millet* chrétiens cristallisent l'aversion des musulmans et plus encore des Turcs musulmans au sein desquels s'agitent deux mouvances que tout oppose – l'une, nationaliste et séculière, l'autre panislamique et fondamentaliste –, hormis ces perception et inimitié communes, ce qui éclaire le pourquoi de mon apparent détour, le système étant révolu, ses effets continus. Par cercles concentriques, l'ennemi est le *millet*, puis le *millet* chrétien, enfin le *millet* arménien.

C'est en effet cette communauté qui, à Istanbul, porte les idées d'émancipation et de progrès. Les Arméniens ont été les premiers à rompre le cadre confessionnel en se dotant, en 1863, d'un fonctionnement interne inspiré de la Révolution française et qui voit un parlement laïque contrebalancer le pouvoir monarchique de la hiérarchie religieuse. Ce sont eux qui fournissent les principaux rédacteurs des premiers essais ottomans de constitution. Ce sont encore eux qui nourrissent, les premiers, le projet de se rétablir en nation indépendante, ce que commande leur histoire, mais que conforte aussi le fait que leur protecteur, la Russie orthodoxe, est la seule des puissances en jeu dont la politique d'influence a pour but l'expansion territoriale, singulièrement dans le Caucase qui est leur foyer – premiers en tout, les Arméniens le seront aussi face à l'entreprise d'extermination.

Nul autre christianisme oriental ne récapitule de la sorte un peuple, une langue, une foi, une terre, une diaspora, un exil, un retour et un calvaire sur le modèle de l'Israël biblique. Aussi son histoire tient-elle de la reconstitution permanente au bord de l'abîme. Les tribus indo-européennes qui, au VIIe siècle avant notre ère, s'installent dans les grandes plaines de l'Est ont à survivre à l'hostilité des Mèdes, des Perses et des Grecs. Lorsque, en 63 avant J.-C., Tigrane le Grand, après avoir vaincu les Séleucides, réussit à établir un empire qui va des montagnes du Caucase aux rivages de la Méditerranée, surgit la puissance romaine qui écrase le royaume arménien avant qu'il ne soit soumis aux Parthes. De cette occultation initiale, les Arméniens sortent en devenant le premier peuple à se convertir collectivement au christianisme, avant même le retournement de Constantin et alors que les missionnaires de Zoroastre sont aux portes. Ils n'en restent pas moins prisonniers de la rivalité des

Empires – désormais byzantin et sassanide – et choisissent, après Chalcédoine, d'instaurer leur Église dans la solitude. S'ensuit une deuxième occultation : ravagé cent fois, le pays tombe aux mains des Arabes musulmans dès le VIIe siècle, des Turcs seldjoukides au XIe siècle. Entre-temps a commencé l'exode. Un long périple à travers les montagnes du Taurus aboutit à la Cilicie, sur la côte orientale d'Asie Mineure. Pendant que les Arméniens du Caucase subissent l'invasion mongole, puis le joug de Tamerlan, les Arméniens de Cilicie restaurent un État qui s'allie aux États latins nés des croisades, avant de tomber aux mains des mamelouks. La principauté de Petite-Arménie a vécu, l'occultation reprend et se fait totale lorsque, au XVe siècle, tous les Arméniens passent sous la domination des Ottomans avant de redevenir les otages des luttes impériales. En 1604, le chah Abbas Ier les déporte en masse vers la Perse. C'est d'eux que se légitime la conquête russe du Caucase, la prise de Derbent par Pierre Ier en 1722, la mainmise de Catherine II sur le Karabakh en 1780, l'annexion d'Etchmiadzine, capitale spirituelle de l'arménité, ainsi que des khanats de Nakhitchevan et d'Erevan par Nicolas Ier en 1828, le rattachement des territoires anatoliens de Kars et Ani par Alexandre II en 1877. Au regard de la poursuite persistante de cette diplomatie offensive qui se confond avec la régénération de leur liberté et la réparation de leur terre ancestrale, les Arméniens de l'Empire ottoman ne peuvent que confier leur sort à l'Empire russe, héritier de Byzance, adversaire naturel de la Sublime Porte – inconscients qu'ils sont que, cette fois, l'occultation se fera éradication.

La Sublime Porte répond par la terreur. La rébellion des Arméniens de Sassoun, croulant sous de nouveaux impôts, sert de détonateur. L'été 1894, le sultan Abdülhamid II arme les Kurdes et lance la chasse aux Arméniens. Tristes invariances de l'Orient : Abdülhamid est, comme al-Hakim des siècles plus tôt en Égypte, le fils d'une chrétienne, Verjine, favorite de son père, et, toujours comme al-Hakim, les massacres de chrétiens le disculpent d'un possible procès en usurpation au motif de sa bâtardise religieuse, preuve, s'il en était besoin, que l'idyllique méli-mélo cordouan ou ottoman avait non seulement pour limite, mais en horreur, le métissage ; les Kurdes accomplissent comme les Albanais, autres montagnards de l'Empire, leur métier ancestral de supplétifs réputés pour leur férocité et rétribués sur leurs razzias, ce qui explique la défiance tenace et toujours actuelle de leurs victimes passées à l'égard de leurs projets nationaux, quand bien même, selon la logique implacable de la roue de l'histoire, ils ont été ou sont à leur tour des victimes, le soutien que leur accorde ladite « communauté internationale » ne faisant qu'aiguiser et amertumer les mémoires ; comme tous les chrétiens orientaux, les Arméniens sont, à ce point, entrés en révolte et non pas en révolution, ils ne réclament pas le pouvoir, mais l'égalité, requête en justice néanmoins inconcevable au regard du statut de dhimmitude qui est un statut de tolérance, mais au sens ancien du mot qu'indique Furetière dans le premier dictionnaire de langue française : « Patience par laquelle on souffre quelque chose. La tolérance d'une servitude ne donne jamais de droit. »

La traque va courir sur trente mois pour ne s'arrêter qu'en 1897. C'est l'hécatombe : au moins deux cent mille tués, sans compter les cent mille hommes islamisés de force, les cent mille femmes enlevées et vendues comme esclaves dans les harems et les bordels. La presse européenne se déchaîne contre Abdülhamid, appelé à demeurer comme le « Sultan rouge » ou le « Grand Saigneur ». À l'exception d'un discours saisissant de Jaurès à la Chambre, les personnalités politiques et les gouvernements européens y vont de leurs protestations officielles et appellent à la retenue et à la réconciliation, occupés qu'ils sont à dépecer l'Empire – Paris en Tunisie,

Londres en Égypte. La Sublime Porte se tourne, par dépit, vers l'Allemagne. En complément du massacre des Arméniens, censé marquer le retour d'un pouvoir fort, Abdülhamid, entre deux tournois de lutte à l'huile et deux lectures de Sherlock Holmes, poursuit la modernisation en lançant, avec la dynastie Siemens, la construction du *Bagdadbahn*, la ligne ferroviaire reliant Berlin à Bagdad, axe crucial d'acheminement dans les guerres mondiales à venir. Les Arméniens, eux, s'organisent et s'arment dans la conviction que, en l'absence d'une nation qui sera la leur, leur sort restera à jamais la persécution – vaut encore ici l'analogie avec la condition juive et l'avènement du sionisme.

Réchappé de la tentative d'assassinat commise en 1905 par le Tachnag, l'aile gauche du mouvement arménien, Abdülhamid sombre dans la paranoïa alors que l'Empire se désintègre sous les coups de boutoir des Grecs, des Bulgares, des Macédoniens, des Albanais, des Arabes et de l'Entente. Isolé dans son palais, il ne gouverne plus qu'à travers la police politique, un corps d'espions et un cercle d'officiers nationalistes et modernistes qui, affiliés au comité « Union et Progrès », participent de la même mouvance socialiste que le Tachnag, et avec lequel ils étudient en secret les termes d'une refondation politique commune. Ce sont eux, les « Jeunes-

Turcs », qui déposeront le dernier sultan régnant d'Istanbul en 1909. Ce sont encore eux qui perpétreront, en 1915, le génocide des Arméniens auxquels les massacres d'Adana, en 1910, menés avec leur appui, auront tenu lieu de prélude.

L'utopie a buté sur l'idéologie, la valeur stricte d'une révolution, dès lors qu'elle est pensée, qu'elle devient projet, qu'elle vise la prise de pouvoir, se mesurant à son aboutissement, donc à l'efficacité des moyens mis en œuvre pour y parvenir. C'est toute l'ambiguë relation du progressisme à la raison technicienne, que l'on retrouve amplifiée dans les fondamentalismes religieux postrévolutionnaires. Or le rapport du militant avant-gardiste à la mobilisation populaire dépend d'une politique des émotions qui entraîne automatiquement une réduction du lointain scope utopique aux nécessités idéologiques immédiates et concrètes – ce qu'intégralistes et intégristes nommeront « déviation ». Il est cependant peu d'émotions massivement mobilisatrices, les plus importantes étant négatives, à commencer par la peur, la haine et la vengeance ; d'où l'inévitable bacchanale, en lever de rideau révolutionnaire, au profit le plus souvent d'une inversion des craintes et des rôles. Il n'y a toutefois meilleur condensateur à de telles charges émotionnelles et collectives que la religion, dont c'est la fonction première et que reproduit la nation, son expression séculière – d'où la supériorité tactique de Staline sur Trotski, la mobilité internationaliste étant une manière d'échapper au constat de l'échec révolutionnaire : la guerre contre le nazisme est « patriotique », et les pays frères sont invités à produire des formes nationales du communisme mondial.

Les Jeunes-Turcs ne dérogent pas au schéma. La révolution est turque parce qu'elle est la révolution d'un peuple unifié sur un fondement linguistique, ethnique, confessionnel, séparé de ce qui n'est pas lui et étranger à ce qui lui est étranger. C'est de l'oppression de l'autre que lui qu'il faut que ce peuple s'émancipe en premier lieu, et cette oppression est d'abord le fait de l'ennemi intérieur. Le *millet* arménien, extrinsèque, hétérogène, toxique, le projet arménien, séparatiste, dissimilaire, prédateur, l'Arménien lui-même, réfractaire, infidèle, agent russe, souscrivent d'autant mieux à la désignation que l'élimination des compagnons de route susceptibles de perturber le cours de la révolution est un réquisit de la rationalisation – en coup d'envoi après le lever de rideau, mais non sans récurrence. La régénération passe par l'épuration. Le territoire étant disputé dans le contexte d'une guerre mondiale, le génocide sera la solution.

De un million à un million six cent mille hommes, femmes, enfants, exterminés d'avril 1915 à juillet 1916, soit au moins les deux tiers de la population arménienne sur l'espace de la Turquie actuelle : je n'entends pas plus ici discuter les chiffres que dresser la chronique au jour le jour d'un drame alors sans précédent dans l'histoire. L'intention est sûre, la planification certaine, les étapes indiscutables : l'entreprise d'anéantissement a été systématiquement voulue, pensée et exécutée. Le désarmement des recrues arméniennes dans l'armée ottomane, l'élimination des milieux intellectuel et journalistique de Constantinople, la machination et l'instrumentalisation de l'insurrection de Van, la programmation calendaire et la distribution cartographique des vagues de déportation, le séquençage répété de la méthode (incrimination, perquisition, arrestation, bannissement, séparation et liquidation des hommes, convoyage des femmes, des enfants, des vieillards, des infirmes, suppression finale dans les zones désertiques), la formation d'un corps dédié, l'« Organisation spéciale », formée de sicaires et de criminels sortis de prison, rien de cela ne fait doute, et mieux vaut laisser Talaat Pacha, le grand vizir, le confirmer dans les propres mots de son télégramme en date du 15 septembre 1915 aux militants jeunes-turcs d'Alep : « Le gouvernement a décidé de détruire tous les Arméniens résidant en Turquie. Il faut mettre fin à leur existence, si criminelles que soient les mesures à prendre. Il ne faut tenir compte ni de l'âge ni du sexe. Les scrupules de conscience n'ont pas leur place ici. »

Un siècle plus tard, néanmoins, le génocide des Arméniens est encore l'objet de négation, de déni, voire d'embarras. Les arguments invoqués sont variés et variables, indigents surtout. L'insuffisance documentaire ? Les témoignages et éléments à disposition concordent uniment, mais la destruction de nombreuses sources et l'inaccessibilité des archives, dont la Turquie est la seule responsable, profitent au camp de la révision (qui compte de savants ottomanistes redevables à Ankara). L'absence de poursuites ? Dès la tuerie de Van en 1915, l'Entente déclare tenir la Sublime Porte pour « responsable des crimes commis contre la civilisation et l'humanité » ; en 1918, le Département d'État américain dresse la liste des Jeunes-Turcs « hors la loi de la civilisation » ; en 1919, la Cour martiale turque juge leurs chefs et les condamne à mort au titre, entre autres, « du complet massacre des Arméniens » ; en 1919 également, la conférence de paix de Paris, préparatoire au traité de Sèvres, ouvre une instruction sur ces mêmes « crimes contre l'humanité », mais qui, après trois années de travaux dans le cadre du procès dit « de Malte », n'aboutira pas, en l'absence de juridiction internationale, la Grande-Bretagne se réservant de plus paisibles relations avec la Turquie devenue entre-temps kémaliste ; en 1921, à Berlin, l'activiste arménien Soghomon Tehlirian est acquitté pour l'assassinat de Talaat Pacha au vu de la déposition, parmi d'autres, de Liman von Sanders, le généralissime allemand dans l'Empire ottoman, sur la réalité de la planification génocidaire. La cessation des poursuites coïncide avec la fin du contexte spécifique de 1918 ? En 1920, l'ultime résistance arménienne en Anatolie est noyée dans le sang par les kémalistes ; en 1921, la France renonce à son protectorat sur la Cilicie et transfère les derniers survivants arméniens au Liban ; en 1922, les bolcheviks prennent le pouvoir dans la petite République caucasienne d'Arménie et mettent fin à deux brèves années d'indépendance ; en 1923, le traité de Lausanne enterre le projet arménien de résurrection nationale – suit en effet le *blackout*. La rétroactivité et l'impropriété du terme ? Le néologisme *génocide*, mal formé parce que gréco-latin, est néanmoins plus précis que populicide sur l'intention, et plus ouvert qu'ethnocide sur la qualification : c'est du fait d'être né que l'on est tué sur un critère ethnique, mais aussi social ou religieux, cette élimination procédant d'un plan collectif et concerté d'extermination de toutes celles et ceux qui sont semblables par la naissance afin d'anéantir, quels que soient le sexe, l'âge, l'état, non pas une génération, mais la totalité d'une engeance ; le mot et la définition sont du juriste américain d'origine juive et polonaise Raphael Lemkin, qui l'appliquera à la destruction des Juifs et Tziganes d'Europe par les nazis en s'inspirant précisément des leçons du procès Tehlirian : sans doute estimait-il savoir ce qu'il faisait. La conséquence d'une compétition des mémoires, particulièrement au regard de la Shoah ? C'est exactement le contraire que pensent Elie Wiesel pour qui « la réalité du génocide arménien est incontestable », et plus largement les historiens israéliens, une loi étant à l'étude à ce propos à la Knesset. La volonté de politiser et de judiciariser une exception à l'ère de la victimisation ? Pierre Vidal-Naquet, qui dénonçait l'abus des lois mémorielles et l'inconsistance de la République à abandonner aux parlementaires le soin d'écrire l'Histoire, ce sur quoi l'on ne peut que s'accorder, n'en notait pas moins que « l'État turc est négationniste » : c'est en effet Ankara qui a d'abord légiféré sur le génocide arménien afin d'en proscrire toute mention publique et de pénaliser par là une « offense à la nation turque », ainsi que l'apprit à ses dépens, en 2005, avant de recevoir le Nobel de littérature, l'écrivain Orhan Pamuk qui, comme nombre de Turcs, nie la négation et reconnaît le génocide. Une question plus opportune serait de peser la responsabilité indirecte de la Russie tsariste dans la tragédie arménienne : l'avènement brutal de l'Union soviétique et la faillite d'une diplomatie qui, depuis deux siècles, avait pour but de restaurer Constantinople ne laissent guère de prise à cette interrogation ; de même que paraît indécidable le bien et le mal que fait le Kremlin à l'actuelle république d'Arménie, ceinturée par des pays qui lui sont traditionnellement hostiles, à l'exception de l'Iran. On retrouve ici, invariable, une équation fondamentale qui détermine le sort des chrétiens d'Orient : l'aversion qu'inspirent les présents régimes à Moscou et à Téhéran ne change rien à l'interpénétration millénaire des peuples et au jeu non moins millénaire des États.

D'autres minorités eurent à subir en 1915 le processus de purification ethnique déclenché par les Jeunes-Turcs. Elles furent pour l'essentiel chrétiennes, à l'exception de la modeste communauté des yézidis qui, originaire du Croissant fertile, professe un culte cosmologique de l'Ange-Paon aux accents dualistes renvoyant au même Iran de la nuit des temps que le zoroastrisme : décimée dans l'instant parce que présente sur le théâtre des exterminations, persécutée depuis lors, elle compte aujourd'hui moins de mille membres en Turquie. Les assyriens de l'est du pays et les grecs-orthodoxes du Pont-Euxin furent pareillement effacés. Déjà mêlés aux répressions d'Abdülhamid en 1894, à nouveau exposés deux décennies plus tard, l'Église et le peuple assyriens ne devaient pas se relever des massacres qui les engloutirent, et disparurent ou presque des montagnes à l'entour du lac de Van, marquées de leur présence depuis les origines – vingt ans de plus passeraient et ils perdraient encore le massif de l'Hakkâri dans une lutte insensée contre la monarchie hachémite, momentanément dépositaire de l'Irak, pour avoir trop cru les promesses de Londres dont la préoccupation essentielle demeurait le pétrole de Mossoul. Les Pontiques, arrivés sur la rive méridionale de la mer Noire avec les colonies grecques de l'Antiquité, endurèrent sur plusieurs années une entreprise d'extermination « blanche » faites de déportation, de camps de travail et de famines organisées, ponctuées de tueries de masse. On estime à deux ou trois cent mille le nombre de victimes de chaque côté, les survivants ayant cherché refuge, comme les yézidis, en Russie soit *via* le Caucase, soit *via* la Crimée – et, pour leur malheur perpétué, y devenant citoyens soviétiques. Les deux communautés revendiquent la reconnaissance du génocide qu'elles disent avoir subi – avec plus d'arguments recevables de la part des assyriens. Leur malheur est incontestable, leurs pertes incommensurables, le silence qui entoure leur drame insupportable, mais ce ne sont ni les extrémités de la violence ni l'amplitude des charniers qui font la dimension génocidaire – à moins de quoi il faudrait réserver une place singulière au Goulag, qu'il a d'ailleurs, mais autrement.

Cette demande et cette attente traduisent cependant le sentiment scandaleux d'avoir été omis par l'histoire, d'être inexistant dans la conscience des contemporains, de connaître une souffrance qui, à être restée sans partage, est aussi sans deuil. Ce qui est incontestable, en revanche, est que les assyriens, les Pontiques, tous les grecs-orthodoxes d'Asie Mineure à la suite de ces derniers furent sacrifiés, sans aucune hésitation, par le traité de Lausanne qui, en 1923, annulant celui de Sèvres, consacra la victoire de la Turquie kémaliste qui s'était érigée en rupture avec les Jeunes-Turcs et qui allait néanmoins s'édifier sur leurs ossuaires.

En 1918, en effet, la guerre n'est pas finie en Orient. Se succèdent les luttes intestines entre les Ottomans, les batailles entre les Français, puis les Arméniens, puis les Grecs et les Turcs. L'Empire fait partie des puissances vaincues, Mustafa Kemal, le héros de Gallipoli, en fait le môle de sa résistance. Il refuse le traité de Sèvres conclu en août 1920 par les Alliés et les conseillers du sultan Mehmet, qui découle de l'accord secret conclu en 1916 par Mark Sykes et François Georges-Picot, chacun pour le compte de son gouvernement : le partage du Proche-Orient entre la Grande-Bretagne et la France qu'a commencé de préciser quelques mois plus tôt (en avril) la conférence de San Remo où Londres a reçu mission d'assurer un « foyer national juif » en Terre sainte. Sèvres redessine de fond en comble la carte : au Royaume-Uni l'Irak, la Palestine, la Transjordanie ; à la République française le Liban, la Syrie, la Cilicie ; aux deux, en participation, un Kurdistan autonome ; à la Grèce, la Thrace orientale, Smyrne, les îles de l'Égée, l'ouest de l'Anatolie ; aux Arméniens une Grande Arménie indépendante ; la mer de Marmara et les Dardanelles étant sous contrôle international, donc franco-britannique. Ce qui reste de l'Empire ottoman est de surcroît institué en un État-croupion démilitarisé, financièrement et administrativement sous tutelle étrangère. Le dépeçage est complet, mais la cupidité de Londres et de Paris va être fatale aux chrétiens d'Orient.

Il y a aussi – autre défaut moralement égal mais politiquement plus corrosif – leur cynisme.

Galvanisée par sa récente victoire en Crète, la Grèce décide d'intervenir. Le 15 mai 1919, avec l'accord et les encouragements de l'Entente, les Evzones débarquent à Smyrne afin de réaliser la *Megali Idea* – la « grande idée » –, c'est-à-dire la Grande Hellade, alors qu'au même moment dans les Balkans s'agitent les projets concurrents de Grande Serbie, de Grande Bulgarie, de Grande Albanie... Les deux millions et demi de Grecs et orthodoxes, attestant d'une présence longue de deux mille cinq cents ans, les micrasiates de l'Égée et de l'Anatolie, les Pontiques de la mer Noire justifient cette expédition ainsi que la libération du *millet* des Roums (des « Romains »), la reconquête de Constantinople, la restauration du patriarcat œcuménique dans ses privilèges, la réouverture de Sainte-Sophie au culte. Comme dans toute guerre, ce ne sont pas les manœuvres militaires mais les mouvements politiques qui vont décider de son sort. Les Grecs ont avancé à bon rythme au cours de l'année 1920. Vient le tournant de 1921 : à Ankara ou Angora, l'ancienne Ancyre, Kemal, d'abord défait par les troupes fidèles au sultan, a réussi à souder une armée de volontaires et entraîne après lui un fort mouvement populaire. À Athènes, la crise gouvernementale fait rage, opposant démocrates et monarchistes. À Moscou, Lénine, qui veut consolider son pouvoir, décide de libérer le front caucasien, permettant ainsi une complète redistribution des cartes. Ce qui va être le cas, les Alliés se détournant de la Grèce.

Début 1921, Londres s'en remet au choix de Paris, celui d'un complet renversement d'alliance en faveur de Mustafa Kemal, considéré comme le probable vainqueur d'un conflit sans issue visible et dont on se souvient d'un coup, au Quai d'Orsay, qu'il est républicain et laïciste. En octobre, la France abandonne la Cilicie, fait don à Kemal de dix avions Bréguet, de dix mille fusils, d'uniformes, de vivres, et lui construit une usine de munitions. Comptant sur un soutien qu'elle n'a plus, la Grèce s'est trop avancée et échoue aux portes d'Ankara. Elle sollicite l'aide de ses alliés, qui lui suggèrent une révision du traité de Sèvres. Sur le front, c'est l'impasse, jusqu'à ce que, fin août 1922, Kemal, dont les troupes sont désormais mieux équipées, lance la contre-offensive qui doit le porter sur les rivages de la Méditerranée – et qui l'y porte. Les Grecs ottomans se réfugient massivement à Smyrne. Le 9 septembre, les troupes kémalistes entrent dans la ville en chaos. Le 13, l'incendie qui a pris dans le quartier arménien gagne le front de mer. Le métropolite Chrysostome, qui a refusé de partir avec la flotte grecque, est lynché devant sa cathédrale sous le regard des sentinelles françaises censées en assurer la garde, mais qui viennent de recevoir l'ordre de ne plus intervenir en aucune circonstance, Paris tenant à préserver sa neutralité afin de mieux faire entendre sa voix sur la scène diplomatique.

Le traité de Lausanne rend caduques les dispositions du traité de Sèvres, abolit les capitulations, ratifie les frontières de la Turquie, reconnaît le régime kémaliste, sacrifie l'Arménie et institue, en règlement définitif du conflit, l'échange impératif de populations entre la Grèce et la Turquie avec exécution immédiate et interdiction de retour : trois cent cinquante mille Turcs de Grèce pour un million six cent mille Grecs de Turquie – on estime que cent à deux cent mille ont trouvé la mort en cours de route. Ce n'est pas un nettoyage ethnique par les armes, mais par voie de transport, comme on n'en a pas vu auparavant et comme on n'en verra pas avant quelque temps : le rêve du nationalisme turc d'un territoire homogène est réalisé par les États européens ! De surcroît, le traité fixe le statut des minorités chrétiennes qui gardent une présence symbolique, principalement à Istanbul : le patriarche de Constantinople, primat spirituel de l'ensemble des Églises orthodoxes, devenu *de facto* citoyen turc, voit sa présence tolérée au titre des besoins pastoraux de la poignée de

Grecs qui reste, autant dire qu'il est ravalé dans les textes au rang d'un chanoine de quartier ; quant aux assyriens, inconnus, éludés, oubliés, on ne sait, ils ne pourront faire valoir le droit le plus infime, car cette omission les prive de toute existence et reconnaissance. La *Megali Idea* s'est révélée *Megali Katastrophi*.

Cette intervention occidentale met fin à la présence hellénique en mer Égée dont, à remonter le cours du temps, on trouvera une première trace archivée avec la naissance de Thalès, sept siècles avant notre ère, à Milet. C'est ainsi que, pendant des millénaires, les Grecs ont vécu en diaspora sur le pourtour méditerranéen auquel ils ont fait don de leur langue comme langue maternelle. C'est de ce monde que la « purification raisonnée des peuples » de 1923 sonne le glas. Les dates filent comme des étoiles mortes : 1948, et ils fuient la Palestine, la Jordanie, puis, les années suivantes, l'Irak, la Syrie ; 1953, et Nasser les chasse d'Égypte ; 1963, et commence l'affaire de Chypre qui conduit à la guerre en 1974, à la partition de l'île en 1975, la même année où ils quittent définitivement le Liban. Tous ces drames pour que les Grecs se ramassent sur un étroit territoire qui ne contient pas le dixième des acquis de leur histoire, qui n'abrite pas le centième des monuments de leur géographie, au sein d'un petit État mal imité des nations européennes et empli de nostalgie orientale que l'Europe a fini par accueillir pour se payer l'indispensable trophée de la mythique démocratie athénienne, cette mère de l'ostracisme, pays sur lequel elle a déversé des tonnes d'argent afin qu'on y pense comme Jean Monnet plutôt que comme les moines du mont Athos, avant d'en affamer le peuple en exemple d'une rigueur qu'elle ne s'applique pas à elle-même, blâmant au passage l'obstination déplorable, si rétrograde, mise à inscrire « orthodoxe » sur les cartes d'identité, quitte à oublier que, des décennies plus tôt, elle avait elle-même imposé ce critère, parce que jugé le plus simple, le plus laconique, le plus rapide, dans le tri des populations.

La guerre de Troie a bien eu lieu, une nouvelle fois, inversant vaincus et vainqueurs. Ce que confirme Mustafa Kemal après la signature du traité de Lausanne en lâchant : « C'est la revanche d'Hector. » Cette revanche ne connaîtra pas de terme et demeure au cœur des déchirements turcs les plus récents. Jacobin, laïciste, moderniste, issu d'un réflexe de survie face au sentiment d'humiliation et au risque de disparition, le kémalisme fabrique une Turquie en rupture complète avec le passé ottoman, à commencer par le traitement des minorités qui a causé sa perte. Ce statut étant irréformable, ce sont donc les minorités qu'il s'agit de supprimer. En fondant la république, Kemal engage, au nom du parti unique, une politique brutale d'occidentalisation et de sécularisation qui répond à cet impératif : les associations, les signes, les événements religieux ou culturels, chrétiens ou musulmans, sont interdits ou réprimés, et les minorités ethniques ou linguistiques sont privées d'existence légale et de droit d'expression.

Dès les débuts, des expéditions militaires punissent les révoltes kurdes du Sud-Est en 1925, du mont Ararat en 1930, de la ville de Dersim en 1936-1938, écrasées sous les bombardements et les gaz qui causent des milliers de victimes. Parallèlement, en 1938, dans la région d'Erzincan, l'armée procède à l'élimination collective de villages alévis, ces musulmans hétérodoxes liés au chiisme, proscrits, mais qui, comme les Kurdes, se comptent par millions en Turquie – à l'instar des bekhtachis, également marginalisés –, ils professent la liberté de l'interprétation, la primauté de la mystique, l'égalité entre hommes et femmes, et vénèrent en Ali le médiateur sacrifié ; en cela ils sont proches du soufisme qui, dans le monde sunnite, représente le levier de la réforme attendue de l'islam. En 1942, reprend la discrimination des « communautés étrangères » : l'État turc crée un impôt sur la fortune, le *Valik Vergesi*, dix fois plus important pour les Juifs, les Grecs, les Arméniens, mais aussi les Dönme, ces Juifs messianiques convertis à l'islam. On découvre alors que les minoritaires sont tous fichés. Les réfractaires seront punis de déportation dans des camps de travaux forcés. De 1955 à 1974, se poursuit l'éviction des Grecs d'Istanbul, des pogroms sanctionnant chaque crise entre Athènes et Ankara. Cette même année 1974, l'État turc ferme la faculté de théologie de Halki, dans les îles des Princes, condition absolue de la pérennité du patriarcat de Constantinople, et qui, en dépit de protestations internationales continues, n'a pas été rouverte depuis lors. À partir de 1975, les derniers Arméniens sont instrumentalisés contre l'émergence de l'Asala, l'Armée secrète de libération de l'Arménie, puis contre l'indépendance de la République d'Arménie, les hiérarchies ecclésiastiques multipliant les déclarations dictées condamnant les prétendus ennemis arméniens de la Turquie et leur invention d'un génocide censé n'avoir jamais eu lieu. C'est alors la guerre « totale », puis « légale » contre « l'ennemi » kurde qui retient l'attention, une guerre de vingt ans – de 1984 à 2004 – qui fait des dizaines de milliers de victimes. Mais l'étouffement de l'« hérésie » alévie est aussi à l'ordre du jour, procédant par l'élimination de ses élites lors d'opérations policières ou de mystérieux attentats terroristes : à Marash en 1978, à Çorum en 1980, à Sivas en 1993. En 2013, les émeutes du parc Taksim Gezi, quartier défavorisé d'Istanbul livré par le gouvernement aux promoteurs immobiliers, s'inscrit dans cette guerre secrète : les habitants et les manifestants sont majoritairement alévis et savent qu'ils ne se battent pas seulement pour un cadre urbain, mais pour la liberté de conscience que leur dénie, dans la suite du kémalisme, l'islamisme au pouvoir.

Créer un peuple idéal, éradiquer toute différence d'origine, de conviction ou de langue, afin de créer un citoyen uniforme, censurer toute dissidence et toute critique afin de créer une identité unique : hier ce processus était mené par un régime militaire, progressiste et laïc ; aujourd'hui, il est repris par un régime islamiste, conservateur et fondamentaliste. Les deux ont en partage le même nationalisme idolâtre, caricaturalement monolithique et monothéiste. Armes et massacres ont laissé la place à la chasse de plomb d'un appareil d'encadrement politique, administratif, juridique, mais la répression se poursuit comme si le lieu vide de 1915 forçait à une perpétuelle fuite en avant.

Près d'un siècle après l'abolition du système du *millet*, les sorts des minoritaires, quelle que soit leur communauté de foi ou de destin, se découvrent liés. Ce n'est plus par l'utopie, mais dans le malheur que chrétiens orthodoxes et musulmans hétérodoxes, ici comme ailleurs, se découvrent alliés en ce prodigieux pays, au sein d'un peuple, parmi des paysages, au rythme d'une vie que je fais plus qu'aimer.

L'entrée d'Ankara dans l'Europe est contrariée par la géographie, puisque le Bosphore délimite le commencement de l'Asie ; par l'histoire, puisque Lépante et Vienne bornent deux mondes ; par la politique, puisque l'Europe de la paix a tout à redouter d'élargir ses frontières aux guerres qui font rage en Orient ; mais il est une autre raison supérieure à cette difficulté : l'esprit européen ne se mesure pas aux avancées sociales et techniques, mais à la capacité de réviser de manière critique son passé, ce que refuse de faire encore aujourd'hui l'État turc. Une parabole : en 1937, Sabiha Gökçen, l'une des filles adoptives de Mustafa Kemal, la première femme turque pilote militaire, mais aussi la première femme au monde à piloter un avion de chasse, participe aux bombardements de la répression antikurde ; en 2001, le nouvel aéroport d'Istanbul, après celui d'Atatürk, en hommage au père de la nation, prend le nom de Sabiha Gökçen en signe d'un féminisme revendiqué ; en 2004, Hrant Dink, le directeur arméno-turc de l'hebdomadaire bilingue, en turc et en arménien, *Agos*, apôtre de la réconciliation, révèle que Gökçen fut en réalité une orpheline arménienne ayant perdu ses parents pendant le génocide, recueillie plus tard par Kemal et à son plus grand honneur, ce qui ne manque pas de provoquer une polémique nationale ; en 2005, Dink est jugé et condamné pour injure à l'identité nationale ; en 2007, il est assassiné. Ses funérailles rassemblent des centaines de milliers de Turcs de tous horizons qui veulent en finir avec le mensonge. C'est à ce moment que des intellectuels stambouliotes lancent un courageux appel : « Ma conscience ne peut accepter que l'on reste indifférent à la Grande Catastrophe que les Arméniens ottomans ont subie en 1915, et qu'on la nie. Je rejette cette injustice et, pour ma part, je partage les sentiments et les peines de mes sœurs et frères arméniens, et je leur demande pardon. »

Cet appel n'a guère de chances d'être repris à son compte par Recep Tayyip Erdogan, à la tête de la Turquie. Pressé par l'imminence du centenaire, il a néanmoins déclaré, le 24 avril 2014, veille du jour anniversaire où les Arméniens commémorent le génocide : « Nous souhaitons que les Arméniens qui ont perdu la vie dans les circonstances ayant caractérisé le début du XXe siècle reposent en paix, et nous exprimons nos condoléances à leurs petits-enfants. » Minimalistes, opportunistes, ces mots ont résonné comme la confirmation d'un impossible deuil. Puis Erdogan a annoncé sa volonté de prier, le 30 mai suivant, à Sainte-Sophie, afin de marquer sa candidature à la présidence de la République turque dans le cadre d'une constitution rénovée accordant les pleins pouvoirs au chef de l'État : au lendemain, cette fois, d'un autre jour anniversaire, celui de la chute de Constantinople, alors que les islamistes réclament que la basilique impériale, transformée en musée par Kemal, redevienne une mosquée. La provocation ayant suffi à sa gloriole, le théoricien et chef de l'islamisme turc, champion du sunnisme intégriste et allié du Qatar, a dû renoncer à son projet.

Qu'aurait dit Bruxelles, s'il l'avait fait ? Sainte-Sophie est aussi un lieu de mémoire pour l'Occident, mais d'une mémoire effacée, tout comme a été effacée la prophétie du génocide, annonciatrice de la présente tragédie, ce souvenir refoulé du sac de Constantinople par les croisés en 1204. L'Europe, maîtresse du savoir et de la science, a forgé l'image de l'Orient chrétien qui lui convenait pour se dispenser d'assumer sa dette d'origine. Se dotant d'une nouvelle identité née de la rencontre des mondes latin et barbare, elle s'est pensée, à partir de Charlemagne, comme l'unique et vraie civilisation chrétienne – avant de se penser La civilisation en soi. Elle a travesti l'empire des Romains orientaux en la Byzance des Grecs, la symphonie des pouvoirs en un césaro-papisme contraire à l'Évangile, l'attachement à l'orthodoxie de la foi en un schisme pernicieux dont elle a fixé la date à sa convenance, un certain 16 juillet 1054. L'Orient, berceau spirituel de l'Europe, est ainsi devenu une obscure arrière-cour abandonnée à des satrapes décadents, simoniaques et fourbes, à peine bons à lécher les bottes des tyrans, vagues cousins dégénérés, embarrassants, et dont nul ne pleurera l'éventuelle disparition – empreinte si forte que les mêmes termes se retrouvent aujourd'hui sous la plume de journalistes convaincus d'en avoir fini avec la religion de leurs grands-parents – ; si forte aussi qu'il n'y a jamais eu de salle byzantine au Louvre, que l'on a annoncé qu'il y en aurait une pour finalement déclarer qu'il n'y en aurait pas ; si forte encore qu'à la Sorbonne on se targue d'enseigner la langue d'Homère dans une prononciation germano-française, aussi artificielle qu'arbitraire, tout en affichant le plus grand dégoût pour le phrasé des « Néo-Grecs », qui n'ont pour eux, il est vrai, que vingt-cinq siècles de continuité.

Le sac de Constantinople raconte pourtant une tout autre histoire. C'est le lucre, la convoitise, l'envie maladive qui ont détourné du tombeau du Christ des barons francs sortis de la froidure, à peine dégrossis, épais, rustauds, vers une ville dont ils ne pouvaient même imaginer la munificence, mais qui leur fit dire, lorsqu'ils la virent : « Les Grecs sont pires que les Juifs. » En dépit du pape Innocent III qui tâcha d'empêcher l'assaut, ce furent trois jours et trois nuits de meurtres, de rapines, de pillages. Les croisés profanèrent un à un les sanctuaires, jusqu'à celui de Sainte-Sophie où ils violèrent et massacrèrent les femmes qu'ils avaient enlevées. Puis ils incendièrent la ville comme il est d'usage de traiter les vaincus depuis Troie.

Comment expliquer leur furie iconoclaste, sinon en pensant à ces néo-barbares que redoutent tant leurs descendants et qui, débarquant en quelque quartier chic, tremblants de colère à la vue de l'abondance et du raffinement qu'ils y découvrent, cassent les vitrines des boutiques d'orfèvrerie ou d'accessoires divers, s'emparent d'autant de merveilles rares ou clinquantes qu'ils peuvent prendre et qu'ils rapporteront de leur razzia comme autant de reliques – de prix ou en toc, peu importe –, qui, une fois exposées chez eux, créeront le sentiment d'une égalité inespérée, les rendant ivres de la certitude d'avoir vengé une spoliation originelle, d'avoir corrigé une erreur fondamentale sur la vérité de leur identité et la justesse de leurs droits, comme il arrive aux enfants mal grandis de mettre le feu à la maternité qui les a déclarés adultérins, ou à l'étude notariale qui a acté leur déshéritement, et, ainsi, de se réapproprier le rang, le bien qui leur étaient dus ; inquiets, pourtant, d'avoir perdu, en le détruisant, le secret d'un monde dont ils soupçonnent qu'il leur aurait peut-être appris quelque chose de la piété avec laquelle il siérait de bénir le mystère du monde ; et peut-être pas au regard de l'insigne vulnérabilité dont ce monde, trop subtil pour être fort, a fait montre face à leur violence et qu'ils préfèrent, à la fin des fins, maudire pour s'exonérer de la malédiction de leur propre impiété.

Le chroniqueur constantinopolitain Nicétas Choniatès, témoin du sac, devait finir sa vie à Nicée, ville du premier concile, où la Cour impériale s'était réfugiée, les croisés ayant instauré un empire et un patriarcat latin de Constantinople. C'est lui qui note : « Je dois laisser là la description des horreurs que j'ai vues, si inhumaines qu'à trop les évoquer je crains de perdre ma propre humanité. » Avant de conclure : « Même les musulmans sont bons et compatissants lorsqu'on les compare à ces gens qui portent la croix du Christ sur l'épaule. » Les Églises se sont depuis réconciliées. Au regard de la passivité avec laquelle elle abandonne les chrétiens d'Orient à la destruction, l'Europe, qui n'est plus chrétienne, mais se veut humanitaire, ne s'est pas pour autant civilisée – au sens de la *civilitas* latine, de la *politeïa* grecque, selon lesquelles, hors les criminels, il ne saurait y avoir d'hommes en trop parmi les frères humains.

VII

Le Jugement dernier

« Ô Roi, pose mes armes en catafalque sur la plage et inscris du doigt sur le sable : homme de peu de fortune, son nom est à venir. » Reprenant le chemin grec de l'*Iliade* et de l'*Odyssée*, Ezra Pound, dans ses *Cantos*, descend aux enfers pour interroger les morts et leur demander s'ils peuvent être de quelque enseignement pour les vivants. Ulysse, à qui il confère le phrasé d'un barde gaélique, n'aura pas d'autre réponse que celle de son défunt compagnon : il arrive que les deuils soient sans tombeau et que jusqu'au simulacre de leur cénotaphe soit emporté par les vagues de l'oubli. Le mien n'est pas moins oscillant – le mot vient des osselets que les Romains suspendaient par un fil à la branche d'un arbre pour que, bougeant sous l'effet du vent, l'on sache qu'à son pied était une sépulture, celle d'un gisant dont la vie se cherchait encore.

C'est cette oscillation que retranscrivait, il y a déjà presque vingt ans, le spectacle des villages chrétiens du Kurdistan reconstruits à force de pure conviction par Domitille Lagourgue, de Mission Enfance, alors que, jusque-là, les anciens occupants ne revenaient qu'une fois l'an, en pèlerinage, sous escorte, pour rouvrir l'église à l'occasion de la fête patronale et y célébrer le mémorial des défunts après avoir fleuri le cimetière. C'est cette même oscillation dont, il y a dix ans encore, Sébastien de Courtois pouvait se faire le transcripteur fidèle aux derniers carrefours des routes de la Soie où des chrétiens immémorés entretenaient les tumulus de leurs ancêtres de la foi desquels ils ne connaissaient plus que quelques gestes rituels. C'est à cette oscillation que me ramène le souvenir du métropolite orthodoxe d'Alep Boulos, Paul, frère de sang du patriarche Jean d'Antioche, qui, du temps qu'il enseignait à Balamand, au Liban, m'emmenait dans le quartier chiite de Tripoli manger de la glace au petit lait couverte de carottes grillées, et riait de mes mimiques à sembler m'en régaler – Boulos qui a été enlevé avec l'évêque syriaque Yohanna, le 22 avril 2013, à la frontière syro-turque, par des djihadistes vraisemblablement tchétchènes, Boulos dont on ne sait à cette heure s'il est mort ou vivant.

La raison s'insurge contre la fatalité. Que faire ? Que le patriarche Bartholomée de Constantinople et le patriarche Cyrille de Moscou, surmontant leurs querelles, aillent trouver le pape François, et que les trois Rome unies, dépassant leurs divisions, se souvenant de leurs antiques sœurs, Alexandrie, Antioche et Jérusalem, rassemblent l'Orient chrétien en concile, convoquent en assemblée l'ensemble des Églises orientales, qu'elles soient orthodoxes, catholiques ou protestantes. Que la communauté internationale ouvre à La Haye un tribunal en charge d'instruire les crimes contre les chrétiens d'Orient. Que l'Europe crée un haut-commissariat et le confie à Régis Debray qui sut convaincre l'Élysée, aussi tôt que 2005, de la nécessité d'une mission auprès des chrétiens d'Orient, qu'il mena à Beyrouth, Damas, Amman, Jérusalem, où son amitié me permit de l'accompagner, où il porta à bras-le-corps la vocation de la France, prouva une fois de plus le génie français qui veut que la république des intellectuels rachète la république des politiques, conduisit de la sorte notre dernière aventure incontestable en Méditerranée, et en tira un rapport dont les conclusions, pourtant impératives et toujours valides, furent alors et précisément rejetées par Bruxelles qui en nia l'urgence et l'universalité. Que la France se réveille, qu'elle retrouve sa diplomatie, qu'avec l'innocence de la colombe et la prudence du serpent elle réintroduise l'autre Europe qu'est la Russie et l'autre islam qu'est l'Iran dans un projet commun aux grandes nations qui serait de maintenir les chrétiens d'Orient là où ils vivent depuis toujours, qu'au privilège de l'expérience elle presse les États-Unis de cesser de se comporter, à la suite du Royaume-Uni, comme la première puissance sunnite au monde, qu'elle exhorte Washington à sommer l'Arabie saoudite, le Qatar, les Émirats de ne plus financer le fanatisme, qu'au nom d'une accointance savante vieille de plusieurs siècles elle obtienne des autorités sunnites une claire fatwa qu'éclairerait sa propre connaissance des guerres de religion et de leur résolution – Henri IV et Thiers, l'édit de Tolérance et la loi de 1905 –, et enfin, parce qu'elle est encore l'une des premières puissances militaires au monde, qu'elle arme une coalition mondiale mais démondialisée, occidentale et orientale, qui, ne répétant pas les errances coloniales, interviendrait en frappant du ciel, en surgissant à terre chaque fois que nécessaire afin de prévenir l'innommable et de rappeler à ceux qui assassinent au nom d'Allah leur absence d'impunité devant la justice des hommes…

Autant rêver. Dans un exercice d'équilibrisme électoral voulu par le Château, commandé depuis Matignon, ajusté par la Place Beauvau, le Quai d'Orsay a annoncé diverses mesures de secours et d'accueil qui relèvent non pas des redoutables devoirs historiques d'un État de droit, défenseur du faible, mais du service ordinaire des humbles organisations caritatives qu'une fondation chrétienne et catholique comme L'Œuvre d'Orient accomplit déjà excellemment. Ne concevoir d'autre avenir pour les chrétiens d'Orient que d'être des réfugiés en Occident équivaut à approuver le choc des civilisations comme seul futur de l'humanité globale, à abandonner les musulmans à la guerre civile, à l'autisme, à la déréliction, alors que c'est d'eux qu'il est ultimement question, ainsi que le savent et le disent les meilleurs des chrétiens d'Orient qui ne sont prêts ni à partir ni à se départir, et revient à apposer un paraphe vague et brouillon en bas du protocole consignant le suicide moral de l'esprit européen.

L'exode passe, salut du corps, non pas salut de l'âme. Pour comprendre le devenir des chrétiens d'Orient une fois déportés en Occident, il est deux films d'Elia Kazan qu'il faut voir coup sur coup. Le cinéaste, né Elias Kazantzoglou, à Constantinople, dans une famille de marchands de tapis gréco-arménienne, en donne une version enthousiaste dans *America, America*, qui raconte l'émigration volontaire d'un chrétien d'Anatolie en quête de liberté à la fin du XIXe siècle, et une version désespérée, *The Arrangement*, qui narre la dépression abyssale de son fils, publicitaire talentueux au nom et aux mœurs occidentalisés, incapable de trouver un sens à l'existence dans les années 1950. *America, America* se conclut sur l'image sublime du mont Ararat, inoubliable parce que gravée à jamais dans le cœur de l'exilé. *The Arrangement* finit sur l'enterrement du père par le fils, dans un cimetière coincé sous un échangeur d'autoroute et où, dans le vacarme des moteurs et des klaxons, un prêtre imberbe et propret s'efforce, avec un terrible accent anglo-saxon, de lire les prières traditionnelles en grec, alors que le fils se rend compte qu'il ne sait plus se signer. L'échec commercial du second film indique quelle version il s'agit de retenir.

L'exode n'est que le début d'une fin sans fin pour les chrétiens d'Orient, et l'absence de borne à leur supplice clôt leur malédiction sans l'éteindre. Au moment où il me faut moi-même conclure, et que je ne sais comment, je réalise que l'Orient a fait, défait et refait ma vie parce que j'y suis allé mendier ce que l'on nomme prosternation, prière, liturgie ; que j'avais deviné que l'on ne cesse d'y répéter ces prosternations, prières, liturgies pour qu'elles adviennent encore une fois, afin qu'elles se découvrent cette fois-là comme étant déjà advenues, depuis toujours données, offertes, exaucées ; que de n'avoir rien évoqué de ma jeunesse qui en décida ainsi, rien du temps passé sur les routes que j'ai parcourues à pied, en voiture, en bateau, rien des monastères, des écoles, des cathédrales où, à tous les sens du terme, j'ai quémandé ma voie, rien des patriarches, des prêtres, des moines, des moniales, des chantres, des iconographes, des théologiens, des théologiennes que j'ai rencontrés, et des simples d'esprit qui ont le plus ravi mon esprit, rien de cela n'est d'importance, car ces images rémanentes, souvenirs clairs ou obscurs, bruits et senteurs palpables ou étouffés, villes, souks, déserts, fleuves, montagnes, mers, foules, visages, paroles et mutismes sont en moi comme palpite en nous le pressentiment de l'inouï. Je sais seulement que le Dieu de l'Orient chrétien est un Dieu inexorable, car il est le Dieu qui, pour l'homme, a tout pâti de l'homme. C'est pourquoi il est le Dieu de la piété. C'est pourquoi il est aujourd'hui sur la Croix.

Je l'ai compris par un été brûlant, en Turquie, à l'autre bout de Troie, sans plus de mer pour rafraîchir l'air, de stances de l'homéride pour saluer les ruines. J'étais remonté d'Alexandrette à Mardin, puis Midyat, visitant sur la route les dernières chapelles et les derniers monastères syriaques encore peuplés. Je m'étais arrêté à Van, l'ultime forteresse arménienne détruite pierre après pierre, m'étais rendu sur l'îlot d'Akhtamar, l'église au cœur du lac, pour y voir la Vierge à l'Enfant. J'avais gagné

Kars, l'ancienne ville de garnison russe et, de là, avais rejoint Ani. Fondée dans la nuit des temps, la « capitale de l'an mil, la ville aux mille et une églises, la Constantinople de l'Arménie », n'est plus qu'une cité fantasmagorique aux basiliques et aux palais éventrés, comme suspendus entre terre et ciel, mystérieusement désertée depuis des siècles, légendairement frappée par un tremblement de terre, en fait saisie par un séisme humain encore plus profond. Le temps a fait son œuvre. Ani est désormais une image de l'apocalypse.

Pendant des heures j'avais parcouru les arches, les rotondes, les arcades. J'avais examiné chaque détail des fresques du Christ Pantocrator et des fresques du Jugement dernier, et en avais déduit que la canicule me rendait ivre. Je me souvins alors d'un lieu que je n'avais pas encore vu et que m'avait indiqué mon ami Christian Makarian – en quoi il est infiniment plus lié que moi à l'Orient chrétien, il le dira sans doute un jour lorsque Dieu et lui-même le voudront, étant entendu que, comme il est d'usage de le préciser, les thèses émises dans cet essai sont miennes, à commencer par ses erreurs et ses excès.

Je suivais les indications de Christian : se placer au centre, se diriger du côté est, contourner les derniers monuments, descendre vers le fleuve, emprunter le chemin muletier, tourner deux fois et, de là, contempler. J'y étais. Une modeste chapelle baignait ou presque la rive. Elle avait été certainement funéraire, dans la réminiscence du Léthé, le cours de l'oubli qui transporte les défunts vers quelque demeure éternelle. Vide, nue, elle reposait pile sur la frontière, comme un avant-poste à tenir, ou plutôt comme une arrière-garde foudroyée. Sur l'autre rive, c'était l'Arménie, surgissant sur le promontoire, à pic d'une falaise qui barrait la vue. À lever les yeux et les cligner, on pouvait en discerner les contours et les promesses par-delà les miradors et les barbelés à travers lesquels un appelé faisant office de sentinelle, non moins saoul de soleil, encore sidéré d'avoir été affecté à cette extrême pointe du monde qui semblait en annoncer la fin, tâchait lui-même, peut-être, d'apercevoir cet immense chantier de démolition de ses racines, figé dans l'éternité, interdit par l'histoire. Ni lui ni moi ne pouvions aller plus loin, fût-ce même échanger un regard. J'étais arrivé, depuis Troie, au bout de mon voyage. Il me fallait le dire à Christian qui était à Paris, à des milliers de kilomètres de là. Par chance, le réseau fonctionnait. Par chance, il décrocha. « Christian, je suis à Ani, à la chapelle, ai-je dit. –Tu as vu ? m'a-t-il demandé. – Oui, ai-je répondu. – Bien », a-t-il soufflé. Et nous avons raccroché.

REMERCIEMENTS

Alexis Lacroix a été décisif dans la formulation du titre de cet ouvrage. Olivier Nora a encouragé sa publication avec amitié. Sophie de Closets l'a accueilli avec force et bienveillance. Sophie Kucoyanis et Hélène Guillaume l'ont accompagné de leur grande diligence. Qu'ils trouvent ici l'expression de ma gratitude.

Il n'y a pas de mot, cependant, pour exprimer ma dette à l'égard de Claude Durand, qui a sorti ce manuscrit de la nuit où il sommeillait. Ce sont aussi, je veux le croire, les chrétiens d'Orient qui lui disent merci.

TABLE

Composition et mise en pages
Nord Compo à Villeneuve-d'Ascq

PAPIER À BASE DE FIBRES CERTIFIÉES

Fayard s'engage pour l'environnement en réduisant l'empreinte carbone de ses livres. Celle de cet exemplaire est de :
1,100 kg éq. CO_2
Rendez-vous sur www.fayard-durable.fr

Imprimé en France
Dépôt légal : août 2014
N° d'impression : 3007002
35-57-3123-3/01